Jacqueline Hofmann

Elternabende, die Spaß machen

Praxisleitfaden für pädagogische Fachkräfte zur Planung und Durchführung von Elternabenden

1. Auflage 2019

Umschlaggestaltung/Grafiken:
polar 1– Agentur für Kommunikation und Design GmbH
unter Verwendung von Grafiken von freepik.com

Text und Fotos:
Jacqueline Hofmann

Satz:
Annegret Heine

www.edition-claus.de

Elternabende, die Spaß machen

–

Praxisleitfaden für pädagogische Fachkräfte zur Planung und Durchführung von Elternabenden

Jacqueline Hofmann

Inhalt

Inhalt

Einleitung

„So ein Elternabend, der ist lustig…!“ Wer kennt diesen Ausspruch nicht? Es gibt Eltern, die stundenlang darüber diskutieren, welchen Ausflug die Kinder dieses Jahr machen sollten oder ob der Sitzplan so in Ordnung ist. Schnell zeigt sich, wer miteinander kann und wer nicht. Manche Eltern fiebern schon der Elternratswahl entgegen oder warten nur darauf, dass man ihnen das Wort erteilt. Ganz anders sind die ruhigen Eltern, die das Schauspiel nur beobachten.

Elternabende sind ein elementarer Bestandteil der Elternarbeit. Wenn wir in diesem Buch von Elternabenden sprechen, so müssen diese nicht zwangsläufig abends stattfinden. Elternveranstaltungen am Nachmittag sind vielmals eine gute Alternative. Auch die Formen der Durchführung sind vielfältig. Es stehen zum Beispiel organisatorische Elternabende, Themenelternabende, Kreativveranstaltungen oder sonstige gemeinsame Aktivitäten zur Auswahl. Mit guter Vorbereitung sind Fachkräfte dabei für fast alle Situationen gewappnet.

Warum wir Elternabende brauchen

Elternabende gehören in den meisten Einrichtungen zum pädagogischen Konzept. Wie viele Elternabende im Jahr durchgeführt werden, hängt von vielen Faktoren ab. Zu diesen zählt die Einstellung des Teams, der Leitung und des Trägers zu Elternbildungsangeboten, genauso wie die Unterstützung durch Team, Leitung und Träger bei der Elternarbeit. Oft ist es sinnvoll, bei aktuellen Problemen oder Veränderungen Eltern frühzeitig einzubeziehen, um Konflikten oder Unsicherheiten vorzubeugen. Elternabende bilden eine sehr gute Basis, um Beziehungen zu den Eltern aufzubauen und zu pflegen. Die Gestaltungsvarianten sind vielfältig. Ob die Veranstaltung als Gruppenelternabend oder für die ganze Einrichtung durchgeführt wird, hängt zum Beispiel vom Thema, der Einrichtungsgröße, dem Referenten und den Raumkapazitäten ab.

In der Kindertageseinrichtung spielen Begrüßungs- und Gruppenelternabende eine wichtige Rolle. Begrüßungselternabende dienen dazu, eine Erziehungspartnerschaft aufzubauen. Der Gruppenelternabend, der mehrmals in der Kindergartenzeit des Kindes stattfindet, verfolgt das Ziel, die Erziehungspartnerschaft zu festigen. Eltern erwarten vor allem Informationen zu Eingewöhnung, Tagesablauf, Regeln, Ritualen und besonderen Highlights, wie Projekte oder Ausflüge. Vermitteln Sie Eltern, dass die Interessen und Bedürfnisse der Kinder wahrgenommen werden und das Gespräch mit Eltern nicht gescheut wird! Ausreichend Raum sollte auch dem gegenseitigen Kennenlernen der Eltern untereinander gegeben werden.

Auch organisatorische Elternabende sind ein wichtiger Bestandteil der Erziehungspartnerschaft. So können vor allem in Schulen wichtige Inhalte besprochen werden, etwa die Anmeldung an einer weiterführenden Schule, Klassenfahrten und Leistungstests. Eltern erwarten dabei in Kurzform relevante Inhalte, Rückmeldungen über den aktuellen Leistungsstand der Kinder und Tipps, wie sie ihre Kinder unterstützen können. Auf Seite 12 finden Sie ausführlichere Hinweise zu organisatorischen Elternabenden.

In der Vorbereitung eines Elternabends sollten Fachkräfte die Grenzen der Veranstaltung kennen. Ein Elternabend dient nicht dazu, individuelle Leistungsstände von Kindern wiederzugeben. Genauso wie Probleme mit einzelnen Eltern sollten diese in separaten Gesprächen thematisiert werden, etwa an Elternsprechtagen.

Tipp

Verbinden Sie, wenn möglich, Themenelternabende nicht mit dem organisatorischen Elternabend. Wenn Sie einen externen Referenten eingeladen haben, steht dieser in der Regel nach dem Elternabend noch für individuelle Fragen zur Verfügung. Dies ist eine wertvolle Ressource, die nicht verschenkt werden sollte. Außerdem kann es sehr nachteilig sein, wenn zum Beispiel vor dem Themenelternabend über Probleme oder Veränderungen gesprochen wird. Eltern können sich dann nur schwer auf das eigentliche Thema konzentrieren.

Wer führt die Elternabende durch?

In Kindertageseinrichtungen werden Gruppenelternabende in der Regel von den für die Gruppe zuständigen ErzieherInnen durchgeführt. Bei einem Gesamtelternabend führt die Leitung in den Elternabend ein. Für Themenelternabende kommen meist zusätzlich externe Referenten zum Einsatz.

In Schulen führen in der Regel die Klassenlehrer beziehungsweise Tutoren die Klassenelternabende durch. Klassenübergreifende Elternveranstaltungen werden oft durch die Leitung des Hauses oder Fachkräfte mit speziellen Verantwortungsbereichen durchgeführt. In Grundschulen sollten die Fachkräfte aus dem Hort unbedingt einbezogen werden. Diese können wichtige Informationen zu Spielverhalten, Freundschaften und Interessen der Kinder außerhalb des Unterrichts geben. Gibt es an der Schule zusätzlich Schulsozialarbeiter, können diese ebenfalls über aktuelle Probleme sowie Angebote für Eltern und Kinder berichten. Wenn Eltern die Personen kennen, fällt es ihnen oft leichter, sich bei Problemen oder Fragen an sie zu wenden. Auch die Elternsprecher sollten einen festen Platz in der Agenda des Elternabends bekommen. Sprechen Sie hier im Vorfeld unbedingt die anstehenden Themen und das Zeitfenster ab.

Elternvertreter sind die Ansprechpartner für Eltern und sollten aktiv werden, wenn es Probleme gibt, die von der Schule nicht bearbeitet oder angesprochen werden. In diesem Fall laden die Elternvertreter direkt zur Veranstaltung ein. Auch wenn sich die Schule nicht gesprächsbereit zeigt, sollten hier alle Schritte transparent gestaltet werden, um zukünftig eine Kommunikation Kommunikation auf Augenhöhe zu gewährleisten.

Sowohl in Kindertageseinrichtungen als auch in der Schule ist es sinnvoll, die Eltern in die Durchführung der Elternabende einzubeziehen. So kann zum Beispiel ein Elterncafé direkt von Eltern geplant und durchgeführt werden. Das unterstützt die Kommunikation und den Austausch unter den Eltern.

Auch außerhalb von Kindertageseinrichtungen und Schulen werden thematische Veranstaltungen für Eltern angeboten. Die Tipps aus diesem Buch können auch für Veranstaltungen bei Familienbildungseinrichtungen und Vereinen genutzt werden. Solche Angebote wahrzunehmen, ist für Eltern meist dann sinnvoll, wenn bestimmte Erziehungsthemen von Interesse sind, die nicht in der besuchten Kindertageseinrichtung oder Schule angeboten werden. Oft können Eltern in spezialisierten Vereinen auch Unterstützung in schwierigen Lebenslagen erhalten (zum Beispiel bei Krankheit oder wenn sie alleinerziehend sind).

Um Eltern zu erreichen, ist eine Kooperation mit Kindertageseinrichtungen, Schulen und anderen Vereinen unabdingbar. Auch für die betreuende Einrichtung der Kinder hat eine Zusammenarbeit mit Vereinen viele Vorteile. Wenn Eltern sich Unterstützung suchen und Informationen zu Erziehungsthemen einholen, wirkt sich das auch auf das Verhalten der Kinder in der Einrichtung aus. Außerdem können innerhalb dieses Netzwerks Themen abgesprochen werden. Führt ein Verein in der Nähe zum Beispiel einen Themenelternabend zu „Regeln und Grenzen" durch, so kann die Einrichtung für ihre Eltern ein anderes Thema für den Themenelternabend wählen. So werden vorhandene Ressourcen optimal genutzt.

Die Einladung wird bei Vereinen häufig in Form eines Plakates gestaltet, das bei Netzwerkpartnern ausgehangen wird. Zusätzlich können die eigene Internetpräsenz, Accounts in sozialen Netzwerken und Newsletter genutzt werden, um die Zielgruppe zu erreichen. Eine höhere Teilnehmerzahl wird erreicht, wenn Fachkräfte persönlich Eltern auf Veranstaltungen hinweisen.

Tipp

In den Bildungsplänen der Bundesländer spielt das Thema Elternabende nur eine untergeordnete beziehungsweise gar keine Rolle. Relativ ausführlich widmet sich der „Bayerische Bildungs- und Erziehungsplan für Kinder in Tageseinrichtungen bis zur Einschulung" dem Thema, indem er unter anderem Einführungselternabend und Einschulunsgelternabende empfiehlt (siehe Seite 13). Die „Bildungsgrundsätze für Kinder von 0 bis 10 Jahren in der Kindertagesbetreuung und Schulen im Primarbereich in Nordrhein-Westfalen" erwähnen unter anderem den kulinarischen Elternabend, um die Zuwanderungskultur und die kulturellen Hintergründe der Familien bewusst in die Bildungsprozesse einzubeziehen (vgl. S. 48) sowie Elternabende oder -nachmittage zu religiösen Inhalten (vgl. S. 112). Detaillierter sind die Schulgesetze der Länder. So gibt es im Hamburger Schulgesetz einen eigenen Paragrafen, der unter anderem Festlegungen zur Einladung und Durchführung des Elternabends trifft. In § 72 (3) heißt es zum Beispiel: „Die Klassenelternvertretung kann Elternabende ohne Teilnahme von Lehrkräften und Schülerinnen und Schülern durchführen."

Abb. 1: Übersicht über Angebote der Elternarbeit

Kommunikation mit Eltern

Die Formen der Elternarbeit sind vielseitig. Neben den klassischen Elternabenden gibt es zahlreiche Möglichkeiten der Kommunikation mit Eltern. Eine Empfehlung vorzunehmen, welche Formen und Angebote wichtig sind, ist im Alltag nicht möglich. Fachkräfte müssen ihre Angebotsformen reflektieren und dem Bedarf anpassen. Dabei kann es sinnvoll sein, Schwerpunkte zu setzen. Elternabende sind eine gute Möglichkeit, auf vorhandene Formen der Elternarbeit, wie zum Beispiel Elterngespräche, Elternzeitschriften, Gesprächsangebote oder Ausflüge hinzuweisen oder daran anzuknüpfen und so die Erziehungspartnerschaft zu stärken.

In Deutschland sind Bildungschancen auch heute noch ungleich verteilt. Vor diesem Hintergrund ist es unabdingbar, dass Eltern sowie Fach- und Lehrkräfte sich partnerschaftlich und auf Augenhöhe begegnen. Diese Bildungs- und Erziehungspartnerschaft trägt dazu bei, die Bildungschancen von Kindern zu verbessern (vgl. Betz et. al, 2017).

Gerade in Übergangsprozessen können verschiedene Formen der Elternabende eine gemeinsame Bildungsbiografie unterstützen. Die Bildungsbiografie beschreibt die Lerngeschichte einer Person, also was sie in ihrem Leben bisher an Bildung erfahren hat. Die Bildungsbiografie der Eltern hat dabei wesentlichen Einfluss auf die Erziehung der eigenen Kinder. Fachkräfte müssen sich in der pädagogischen Haltung als ein Teil der Bildungsbiografie von Familien verstehen. So können Übergänge individuell gestaltet und durch Fachkräfte unterstützt werden. Eine Erziehungspartnerschaft, die von Offenheit, Toleranz und Vertrauen geprägt ist, wirkt sich positiv auf die langfristige Wirkung der Elternarbeit aus. Bereits in Elterngesprächen sollte der Sinn von und der Anspruch an Elternveranstaltungen seitens der Einrichtung erklärt werden. Das setzt ein entsprechendes Konzept in der Einrichtung und eine Abstimmung im Team voraus.

Tipp

Beziehen Sie Eltern in die Bedarfsermittlung ein! Führen Sie dafür Elternbefragungen durch oder sammeln Sie in Elternveranstaltungen Ideen und Wünsche! Fragen Sie auch direkt beim Aufnahmegespräch nach Erwartungen an die Inhalte der Erziehungspartnerschaft! So zeigen Sie, dass eine offene Gesprächskultur in Ihrer Einrichtung gelebt wird.

Arten von Elternabenden

Vorlage: Handout zur Elternveranstaltung

Ferientermine im Schuljahr 2018/2019	
Herbstferien	08.10.2018 – 20.10.2018
Buß- und Bettag	21.11.2018
Weihnachtsferien	22.12.2018 – 04.01.2019
Winterferien	18.02.2019 - 02.03.2019
Osterferien / Frühjahrsferien	19.04.2019 – 26.04.2019
Tag der Arbeit	01.05.2019
Himmelfahrt / Pfingstferien	30.05.2019
Pfingstmontag	10.06.2019
Sommerferien	08.07.2019 – 16.08.2019

Voraussichtliche Termine zu Schul- und Klassenveranstaltungen	
18.09.2018	Tag der offenen Tür
08.10.2018 - 20.10.2018	Herbstferien
25.10.2018	Projektwoche / Extraplan folgt
06.11.2018	Tag der offenen Tür
21.11.2018	Buß- und Bettag
26.11.2018	Unterrichtsfreier Tag
27.11.2018	Chorprobe mit dem Erwachsenenchor
05.12.2018	Weihnachtsprogramm des Schulchores
22.12.2018	Weihnachtssingen und Weihnachtsfeier
22.12.2018 – 04.01.2019	Weihnachtsferien
01.01.2019	Neujahr
15.01.2019	Tag der offenen Tür
11.02.2019	Sport- und Spielturnier der Klassen 3 und 4
15.02.2019	Zeugnisausgabe
18.02.2019 - 02.03.2019	Winterferien
08.03.2019	Fasching
März	Vorlesewettbewerb der Schule
März	2. Elternabend
10.04. - 15.04.2019	Schultheaterwoche
19.04.2019 - 26.04.2019	Osterferien / Frühjahrsferien
April	Geschichtenwettbewerb der Stiftung Lesen
01.05.2019	Tag der Arbeit
30.05.2019	Himmelfahrt / Pfingstferien
31.05.2019	Unterrichtsfreier Tag
01.06.2019	Kindertag / Sportfest
10.06.2019	Ausweichtermin Sportfest
10.06.2019	Pfingstmontag
28.06.2019 - 01.07.2019	Jugendherbergsfahrt
07.07.2019	Zeugnisausgabe
08.07.2019 – 16.08.2019	Sommerferien

Elterngespräche und Fachlehrersprechtag: ____________

Meine Notizen

Abb. 2: Muster eines Jahresplans zur Aushändigung an die Eltern

Tipp

Eine gute Übersicht zu Methoden und Aktionen um Seminare und Veranstaltungen aufzulockern, erhalten Sie in Weidemann, B.: Handbuch Active Training: Die besten Methoden für lebendige Seminare. 3. Auflage. Weinheim: Beltz, 2015

In der Literatur werden unterschiedliche Arten von Elternabenden beschrieben. Textor unterscheidet zum Beispiel vier Arten von Elternabenden:

- Elternabende mit einer externen Referentin/einem Referenten
- Elternabende mit der/dem Kindergartenleiter/in oder einer/m Erzieher/in als Vortragender/m
- Elternabende als Gesprächskreis
- Elternabende mit Kleingruppenarbeit (vgl. Textor, 2006)

Ich beschränke mich im Folgenden auf die ausführlichere Beschreibung von zwei Formen, deren Unterscheidung ich für wesentlich halte: den organisatorischen Elternabend und den Themenelternabend.

Der organisatorische Elternabend

Für die erfolgreiche Durchführung eines organisatorischen Elternabends ist eine gute Vorbereitung notwendig. Das schafft Sicherheit für die pädagogische Fachkraft und spiegelt die Professionalität wider. Eltern erwarten hier übersichtlich zusammengefasste Informationen. Dafür ist es hilfreich, wichtige Termine und Infos als Handout vorzubereiten. Dieses kann dann zukünftig als Grundlage für weitere Elternabende genutzt werden. Ein Beispiel finden Sie im Anhang. So werden Nachfragen von Eltern, die nicht so schnell mitschreiben konnten, einen Termin nicht verstanden haben oder kurz abgelenkt waren, vermieden. Je nach Einrichtung variieren die Inhalte. Im Folgenden finden Sie wichtige Informationen, die nicht fehlen sollten, unterteilt nach Kindertageseinrichtung und Schule:

Informationen zum organisatorischen Elternabend in der **Kindertageseinrichtung**:

- Wahl des Elternrates/Elternvertreters
- Vorstellung des Jahresplanes (siehe Abb. 2), Ablauf und Terminmöglichkeiten von Elterngesprächen/Entwicklungsgesprächen
- aktuelle Themen und Besonderheiten der Gruppe
- Informationen zu Möglichkeiten der Mitarbeit der Eltern

Informationen zum organisatorischen Elternabend in der **Schule**:

- Wahl der Elternsprecher/des Elternrates
- Vorstellung wichtiger Jahrestermine
- aktueller Leistungsstand der Klasse
- Informationen zu Hausaufgaben
- Informationen zu Formularen (zum Beispiel Entschuldigungszettel, Anträge Freistellung)
- Informationen zum Übergang in die weiterführende Schule
- Besonderheiten und aktuelle Themen der Klasse
- Informationen zu Schülerausfahrten und Projekttagen
- Informationen zu Möglichkeiten der Mitarbeit der Eltern

Der Themenelternabend

Einzelgespräche mit Eltern sind zeitaufwendig. In Elternabenden hat die Einrichtung die Möglichkeit, mit einem relativ geringen Zeitaufwand alle Eltern zu einem bestimmten Thema zu erreichen. Sollten dann individuelle Fragen auftreten, können im Anschluss beziehungsweise nach Terminabsprache Einzelgespräche erfolgen. Ein weiterer wesentlicher Faktor ist das gegenseitige Kennenlernen von Eltern und Team. Ich empfehle immer, dass das gesamte Team am Themenelternabend teilnimmt. Das hat zur Folge, dass Eltern und Team einen gemeinsamen Wissensstand haben, auf dem die inhaltliche Arbeit aufbauen kann. Zusätzlich stärkt es die Erziehungspartnerschaft zwischen Eltern und pädagogischen Fachkräften.

Wird der Themenelternabend durch einen externen Referenten durchgeführt, kann sich das durch den fachlichen Input positiv auf die pädagogische Arbeit auswirken. Gerade bei schwierigen Themen, wie zum Beispiel „Umgang mit Aggressionen“, kann es hilfreich sein, fachliche Unterstützung durch einen darauf spezialisierten Referenten zu haben. Um den Anforderungen Ihrer Einrichtung gerecht zu werden, sollten Sie darauf achten, rechtzeitig vorher eine kurze inhaltliche und organisatorische Absprache mit dem Referenten vorzunehmen – am besten telefonisch.

Vorteilhaft ist außerdem, dass man den Eltern die Möglichkeit gibt, selbst zu entscheiden, inwieweit sie sich beteiligen und öffnen. Nicht selten nehmen Eltern die jeweilige Thematik als Grundlage, um ihr eigenes Erziehungsverhalten im Alltag zu reflektieren.

Führen Sie als Einrichtung selbst den Elternabend durch, präsentieren Sie sich als professionelle PädagogInnen und verdeutlichen Sie Ihre Fachkompetenz. Zwingende Voraussetzung für einen erfolgreichen Themenelternabend ist, dass Sie über das erforderliche Fachwissen verfügen. Weiterhin sollten Sie Gesprächs- und Moderationstechniken beherrschen, um auch auf kontrovers verlaufende Diskussionen eingehen zu können oder Eltern zum Austausch zu motivieren.

Der Einführungselternabend

Der „Bayerische Bildungs- und Erziehungsplan für Kinder in Tageseinrichtungen bis zur Einschulung“ empfiehlt darüber hinaus Einführungselternabende, die das Thema „Bewältigung von Übergängen“ in den Mittelpunkt stellen. Der Vorteil eines solchen Angebotes liegt darin, dass die neuen Eltern dabei bereits erfahrenen Kinderkrippen- beziehungsweise Kindergarteneltern begegnen, die ihre Erfahrungen sicher gern an die „Neuen“ weitergeben. Zudem lassen sich so erste Kontakte unter den Eltern knüpfen. Zu beachten sei aber, dass diese Einführungselternabende natürlich nicht das individuelle Aufnahmegespräch ersetzen können (vgl. Bayerischer Bildungsplan, S. 98).

Der Einschulungselternabend

Der Bayerische Bildungsplan empfiehlt zudem einen Einschulungselternabend, der „ [...] gemeinsam mit der Schule durchgeführt und im letzten Kindergartenjahr möglichst früh (noch vor Weihnachten) anberaumt werden [...]“ sollte (ebd., S. 112).

Ob es sinnvoll ist, dass mehrere Kindergärten aus dem Einzugsbereich einer Schule dabei zusammenarbeiten, muss von Fall zu Fall entschieden werden. Eine gute Idee ist es aber ganz sicher, engagierte und auskunftswillige Eltern aus der Grundschule einzuladen.

Abb. 3: der Wunschbaum

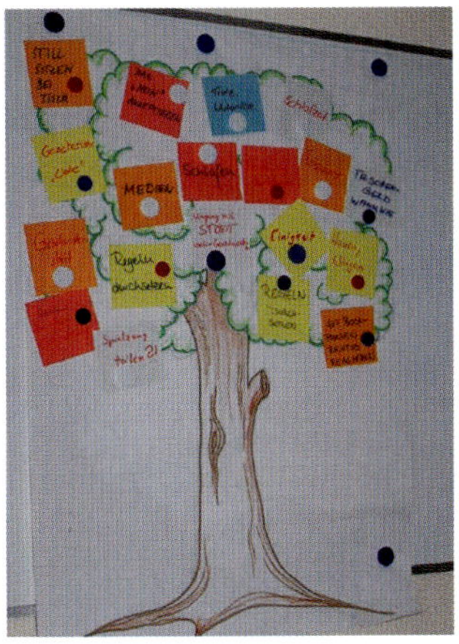

Tipp

Beziehen Sie die Eltern in die Auswahl der Themen ein! Dies können Sie mit der Sammlung von Themenwünschen, zum Beispiel über einen Wunschbaum (Fotos oben), oder durch das zur Auswahl stellen verschiedener Themen umsetzen. Schlagen Sie dafür drei Themen vor! Das Thema, welches die höchste Resonanz erfährt, wird als nächstes bearbeitet. Beachten Sie, dass Ihre vermeintlichen Top-Themen nicht immer mit den thematischen Bedarfen der Eltern übereinstimmen müssen!

Weitere Aspekte zum Elternabend in Schulen

Auch in Schulen sind Elternabende ein zentrales Mittel um Kontakt zu Eltern zu halten. Allerdings ändern sich für viele Eltern und Fachkräfte die Gesprächsthemen und Erwartungen. Eltern möchten in erster Linie Informationen über die schulischen Belange und notwendige Rahmenbedingungen erhalten. Dabei sollten sich Elternveranstaltungen aber nicht nur auf Leistungen, Erwartungen und Verhalten der Schüler beschränken.

Für Fachkräfte ist eine gute Vorbereitung notwendig. Gerade in Schulen kommt es häufig zu Diskussionen zwischen Eltern und Fachkraft. Der Erfolg einer Elternveranstaltung hängt zum einen von Präsentationstechniken, zum anderen aber auch von der Fachlichkeit und Gesprächsbereitschaft der Lehrkraft ab.

Präsentationstechniken:
- Zielklarheit
- Einschätzung der Zielgruppe
- Präsentationsaufbau
- Visualisierung
- Präsentationsverhalten
(vgl. Bernitzke, F./Schlegel, P., 2004)

Gerade die Visualisierung ist in weiterführenden Schulen sehr wichtig. Fassen Sie die wichtigsten Punkte zusammen und nutzen Sie zum Beispiel eine PowerPoint-Präsentation. So können sich die Eltern während der Veranstaltung in Ruhe Notizen machen. Selbstverständlich können Sie begleitend zur PowerPoint-Präsentation ein Handout vorbereiten oder die Präsentation im Nachgang der Veranstaltung den Eltern zur Verfügung stellen.

Elternabende in weiterführenden Schulen können außerdem mit wichtigen Bildungsthemen verbunden werden. So können 30 bis 60 Minuten vor dem Elternabend Berufsvorbereitungsmessen organisiert werden. In vielen Schulen wird das schon so praktiziert. An Ständen stellen sich Bildungseinrichtungen, Firmen und weiterführende Schulen vor. Weiterhin gibt es Infomaterial zu Studienplätzen, Bewerbungsmethoden und weiteren Themen. Während des Elternabends können dann auch die SchülerInnen diese Informationsstände nutzen.

Besonderheit Eltern-Kind-Abend

Gerade in weiterführenden Schulen kann ein gemeinsamer Eltern-Kind-Abend sinnvoll sein. Dies bietet sich dann an, wenn Informationen für wichtige Entscheidungsprozesse vermittelt werden sollen (zum Beispiel Austauschprogramme für SchülerInnen, Ablauf des Abiturs). Eltern und Kinder haben so die gleichen Informationen. Das begünstigt, dass Entscheidungen und Vorgehensweisen möglichst nah an den Interessen und Fähigkeiten der Kinder/Jugendlichen getroffen werden. So wird die Bildungsbiografie der Kinder optimal unterstützt.

Eltern mobilisieren

In meinen Weiterbildungen und Elternabenden ist die Teilnehmerzahl immer wieder ein Thema. Nicht selten sind die Fachkräfte enttäuscht, wenn die Resonanz bei den Eltern gering ist. In fast allen Weiterbildungen höre ich den Satz: „Die Eltern, die es betrifft, kommen sowieso nicht!" Fachkräften sollte hier klar sein, dass Eltern sehr wohl entscheiden können, was sie interessiert und was nicht. Die Einschätzungen sind von beiden Seiten oft unterschiedlich. Es mag sein, dass es Eltern gibt, die Sie aufgrund verschiedener Faktoren schwerer erreichen. Aber keine Sorge: Sie erzielen immer eine Veränderung im Alltag Ihrer Einrichtung, auch wenn nicht alle Eltern teilnehmen. Weiterhin muss der Prozess der Elternarbeit als langfristiger Prozess betrachtet werden. Kommen in diesem Jahr vielleicht zehn Eltern, so können es aufgrund der positiven Erfahrungen mit der Veranstaltung im nächsten Jahr schon doppelt so viele sein.

Auf jeden Fall sollten Sie auf Kontinuität bei den Angeboten achten. Bieten Sie zum Beispiel einmal jährlich einen Themenelternabend an oder organisieren Sie jedes Quartal ein Elterncafé. Das schafft Verbindlichkeit. Nicht zuletzt erreichen Sie Eltern am besten über andere Eltern.

Im Folgenden habe ich Ihnen ein paar Tipps zusammengestellt, die dazu führen können, dass mehr Eltern den Weg zu Ihren Angeboten finden:

- Fragen Sie die Bedarfe bei den Eltern ab!

- Laden Sie jedes Elternteil mit einer Einladung ein!

- Nutzen Sie einen Rückmeldezettel mit verbindlicher Anmeldung!

- Verbinden Sie Elternnachmittage mit Aktionen von Kindern, zum Beispiel mit der Aufführung eines kleinen Programms.

- Machen Sie die Erfolge der bisherigen Zusammenarbeit transparent!

- Binden Sie Eltern in die Aktivitäten ein!

- Betonen Sie beim Erstgespräch in der Kita oder dem Null-Elternabend in der Schule, wie wichtig die Teilnahme der Eltern an Elternabenden für eine gelingende Bildungsbiografie der Kinder ist.

Tipp

Kleine Einrichtung können sich auch mit anderen Einrichtungen zusammenschließen. Dies hat den Vorteil, dass Referentenkosten geteilt werden und so eine Finanzierung möglich ist. Auch kann es sinnvoll sein, dass die Kita und die Grundschule gemeinsam einen Elternabend durchführen. Achten Sie hierbei auf einen geeigneten Veranstaltungsort der für Eltern gut erreichbar ist.

Auch Tagespflegepersonen können sich so zum Beispiel mit anderen Tagespflegeeinrichtungen zusammenschließen. Da hier in der Regel lediglich fünf Kinder betreut werden, kann dies eine Möglichkeit sein, trotzdem praxisnahe Themenelternabende anzubieten.

Zusammenarbeit mit der Elternvertretung

Wie die Zusammenarbeit mit der Elternvertretung zu realisieren ist, ist in den jeweiligen Bildungsplänen sowie den Kita- und Schulgesetzen der Länder geregelt. Nach meiner Erfahrung hat eine gute Zusammenarbeit mit der Elternvertretung sowohl für die Einrichtung als auch für die Eltern enorme Vorteile.

Die Elternvertretung unterstützt die Einrichtung bei Festen, Projekten, pädagogischen Inhalten und fungiert vor allem als Vermittler zwischen Eltern, Team und Träger. Durch die Mitwirkung von Eltern können Angebote und Elterninformationen optimal auf die Bedürfnisse und Erwartungen der Eltern abgestimmt werden. Zwischen Eltern findet die Kommunikation tatsächlich auf Augenhöhe statt. Kitas sollten die Zusammenarbeit mit Eltern fest in ihrer Konzeption verankern und die Mitwirkungsmöglichkeiten transparent gestalten.

Auch für Lehrerinnen und Lehrer ist die Zusammenarbeit mit der Elternvertretung ein wichtige Bestandteil und sollte nicht als lästige Pflichtveranstaltung gesehen werden. Im Sinne einer gelingenden Erziehungs- und Bildungspartnerschaft ist die Zusammenarbeit mit der Elternvertretung elementar.

Für eine erfolgreiche Zusammenarbeit mit der Elternvertretung sind folgende Tipps grundlegend:

- Sprechen Sie klare Aufgabenfelder ab und beachten Sie dabei in jedem Fall auch die Ausführungen im Kita- beziehungsweise Schulgesetz Ihres Bundeslandes beziehungsweise im jeweiligen Bildungsplan!

- Beziehen Sie die Elternvertretung auch in die Öffentlichkeitsarbeit ein. Dies gilt sowohl intern (zum Beispiel Elternbriefe) als auch extern (zum Beispiel gemeinsamer Rundgang von Leitung und Elternvertretung mit Medienvertretern zu besonderen Anlässen wie zum Beispiel der Einweihung eines Anbaus)!

- Nutzen Sie Anerkennungsformen, indem Sie sich zum Beispiel vor der Wahl der „neuen" Elternvertretung für die Zusammenarbeit mit der „alten" Elternvertretung bedanken!

- Führen Sie regelmäßig Treffen durch!

- Beachten Sie dabei, dass die Initiative zur Einladung der Elternvertretung zu einem gemeinsamen Treffen von Ihnen ausgehen kann, das aber meist nicht zwingend ist. Die Kita- und Schulgesetze der Länder haben die Organisation der Elternvertretung in der Regel auch in die Hände der Eltern gelegt.

- Akzeptieren Sie, wenn sich die Elternvertretung zunächst ohne Sie treffen möchte, um sich zu einem bestimmten Sachverhalt eine Meinung zu bilden!

- Gestalten Sie die Zusammenarbeit auf Augenhöhe! Nutzen Sie bei größeren Problemen die Möglichkeit, einen Moderator zur Vermittlung einzuschalten!

- Öffnen Sie die Zusammenarbeit auch für andere Eltern!

Schwierige Eltern erreichen!?

Bei der Durchführung von Elternabenden erlebe ich immer wieder die Enttäuschung von Fachkräften, wenn ausgewählte Eltern nicht an der Veranstaltung teilnehmen. Auch gibt es Befindlichkeiten gegenüber bestimmten Eltern und ihrem Verhalten. In nahezu jeder Einrichtung gibt es Eltern, die jegliche Zusammenarbeit ablehnen oder durch ein intensives Mitteilungsbedürfnis auffallen. Dabei können auch Vorurteile gegenüber der Fachkraft oder anderen Eltern eine Rolle spielen. Hilfreich ist es, sich damit auseinanderzusetzen, welche Faktoren die Erziehungspartnerschaft negativ beeinflussen.

Dazu zählen zum Beispiel:

- Ängste
- Unsicherheit
- Überlegenheits- oder Unterlegenheitsgefühle
- überzogene Forderungen
- mangelndes Verständnis für die Belastungen des anderen
- Vorurteile bezüglich anderen Kulturen, Familienformen, Erziehungsstilen und Geschlechterrollenbildern
- Konkurrenzverhalten zum Beispiel zwischen Mutter/Vater und ErzieherIn

In der Kommunikation mit Eltern ist es wichtig, nicht belehrend oder besserwisserisch zu agieren. Diese Haltungen führen dazu, dass Eltern sich verschließen oder nicht ernst genommen fühlen. Daher ist eine vertrauensvolle und sichere Kommunikation wichtig. Folgende Aspekte spielen dafür eine Rolle:

- Grundlagen der Kommunikation
- Offenheit für neue Ideen
- Toleranz
- Geduld
- Akzeptanz
- Ehrlichkeit
- gegenseitiger Respekt
- Dialogbereitschaft
- Veränderungsbereitschaft
- Transparenz
- Verbindlichkeit im Umgang miteinander
- das gemeinsame Ziel

Das gemeinsame Ziel kann hier als das Wohl des Kindes verstanden werden. Auch wenn Eltern es nicht immer umsetzen können, so haben sie doch in der Regel das Wohl des Kindes im Sinn. Setzen Sie hier an: Berichten Sie in Gesprächen aus dem Alltag und geben Sie positive Erlebnisse wieder. Zeigen Sie den Eltern, dass Sie an einem Austausch interessiert sind! Wenn bestimmte Eltern den Elternabend dominieren, binden Sie andere Eltern aktiv mit ein. Auch der Einsatz verschiedener Methoden und Gruppenarbeit kann hilfreich sein. Teilen Sie Eltern auch ganz klar mit, wenn gerade keine Zeit für eine individuelle Diskussion ist! Bieten Sie aber eine Gesprächsmöglichkeit für einen späteren Zeitpunkt an!

Grundlagen

Neben individuellen Gestaltungsmöglichkeiten sollten die klassischen Elemente eines Elternabends Berücksichtigung finden. Im Folgenden werden die wesentlichen Schritte für die Vorbereitung, Durchführung und Nachbereitung eines Elternabends genannt und erläutert. Ich habe für Sie ein Schema erstellt, welches Sie bei der Vorbereitung von Elternveranstaltungen unterstützt. In den folgenden Ausführungen werde ich die Umsetzung an dem von mir angebotenen Themenelternabend „Umgang mit Aggressionen“ beschreiben.

Vorbereitung

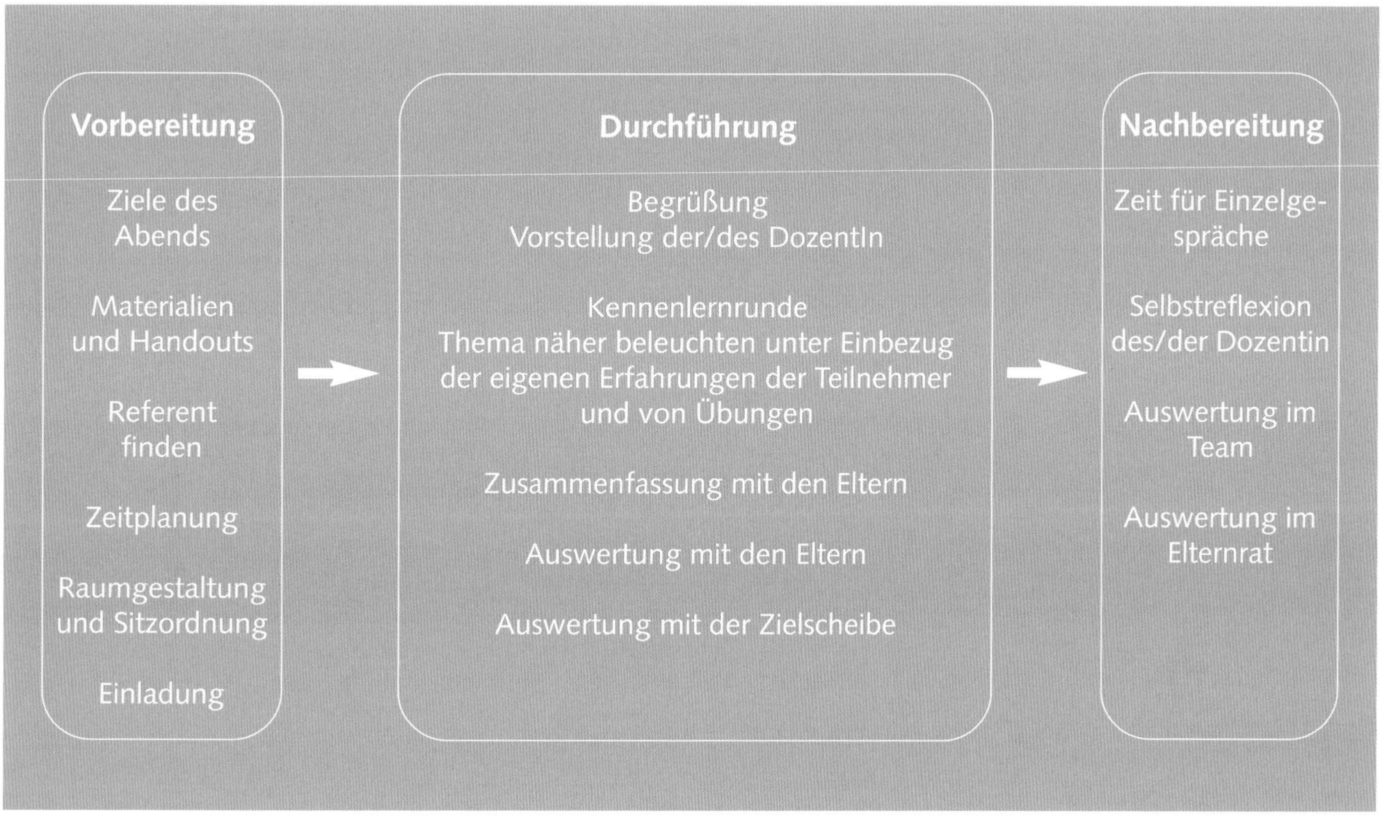

Abb.4: Schema zur Vorbereitung, Durchführung und Nachbereitung von Elternabenden

Auf die Vorbereitung sollten Sie ein besonderes Augenmerk legen. Eine gute Vorbereitung ist die halbe Miete. Sie schafft Sicherheit und hilft Ihnen, den Zeitplan im Blick zu haben. Es sollten auch Elternvertreter oder interessierte, engagierte Eltern in die Vorbereitung einbezogen werden. Dadurch können Sie sich sicher sein, dass den Bedürfnissen und Wünschen der Elternschaft Rechnung getragen wird. Einrichtungen, die mich mit dem Elternabend „Umgang mit Aggressionen" buchen, haben festgestellt, dass sich die Kinder einer Gruppe zunehmend aggressiv untereinander oder gegenüber den ErzieherInnen und Gegenständen in der Einrichtung verhalten, oder sie wurden von den Eltern darauf angesprochen, dass diese Hilfe im Umgang mit den Aggressionen ihrer Kinder benötigen. Allerdings gehören Konflikte zur Entwicklung, weshalb viele Einrichtungen das Thema auch präventiv bearbeiten, um die Eltern zu sensibilisieren.

Tipp

Bitten Sie eine Kollegin oder einen Kollegen, bei Ihrem Elternabend zu hospitieren und Ihnen ein ehrliches und differenziertes Feedback zu geben! Werten Sie im Nachhinein gemeinsam die Veranstaltung aus! Nutzen Sie hierfür eine Feedbackmethode mit den Eltern! Achten Sie auch darauf, wie die Eltern bei einzelnen Methoden reagiert haben und notieren Sie sich Übungen, die Sie mit einer neuen Gruppe vielleicht wiederholen möchten!

Ziele des Elternabends festlegen

Das primäre Ziel eines Elternabends zum Thema „Umgang mit Aggressionen" sollte es sein, den Eltern Werkzeuge an die Hand zu geben, mit denen sie adäquat auf aggressive Reaktionen ihrer Kinder reagieren können. Daneben gibt es untergeordnete Ziele, die für Ihre Einrichtung relevant sein sollten. Diese Ziele könnten zum Beispiel lauten:

- Bis zum Tag X (also zum Beispiel zwei Monate nach dem Elternabend) hat sich die Kommunikation der Kinder untereinander deutlich verbessert (weniger Schimpfwörter oder Beleidigungen).
- Das Verhältnis von Kindern, Eltern, ErzieherInnen und weiteren MitarbeiterInnen in der Einrichtung ist von gegenseitiger Achtung und Wertschätzung geprägt.
- Es gehen in Zukunft weniger Spielsachen oder Einrichtungsgegenstände kaputt.

Materialien und Handouts

Überlegen Sie sich im Vorfeld genau, welche Methoden und Medien (zum Beispiel Vortrag, PowerPoint-Präsentation, Moderation, Kartenabfrage, MindMapping) sowie welche Hilfsmittel (zum Beispiel Dias, Videos, Flipchart, Pinnwände, Folien, Overheadprojektor, Beamer) Sie einsetzen möchten! Wenn Sie mit der Technik eher weniger vertraut sind, dann bereiten Sie die Inhalte besser auf Flipchart vor. Alternativ können Sie einen Kollegen fragen, ob er Sie bei der Erstellung einer PowerPoint-Präsentation unterstützt. Probieren Sie die Technik unbedingt im Vorfeld aus! Archivieren Sie die Veranstaltungsunterlagen so, dass Sie diese in Zukunft einfach wiederverwenden können und teilen Sie vorhandene Materialien mit Ihrem Team!

Organisieren Sie die erforderliche Technik/Materialien, wie zum Beispiel:

- Flipchart
- Moderationskoffer
- Overheadprojektor
- Bücher und Spiele
- Bastelvorlagen zum Thema
- Karten für Kennenlernrunde
- Auswertungszielscheibe

Tipp

Bei einem Themenelternabend können Sie zum Beispiel ein Handout mit fachlichen Impulsen vorbereiten. Kennen Sie schon den PDF-Baukasten von www.kindergesundheit-info.de? Mit diesem können Sie zu vielen Themen Infopakete für Eltern kostenfrei zur Verfügung stellen. Diese können auch mit Ihrem Logo versehen werden. Die Themenpalette reicht von Entwicklungsstufen über sprachliche Förderung und Kinder & Medien bis hin zu Infomaterialien zum Thema Ernährung.

Im Kapitel „Präsentationshilfen bei Elternveranstaltungen" (ab Seite 40) gehe ich noch einmal ausführlich auf die verschiedenen Möglichkeiten ein, mit denen sich Inhalte darstellen lassen. Egal welche dieser Möglichkeiten Sie nutzen: Für die Eltern sollten Sie in jedem Fall ein Handout vorbereiten, das Sie zum Elternabend ausgeben können! Diese Handreichung können Sie später auch den Eltern zukommen lassen, die nicht an der Elternveranstaltung teilnehmen konnten.

Referenten finden

Die Wahl des Referenten ist abhängig vom Thema. Fragen Sie zunächst in anderen Einrichtungen nach, mit welchen Referenten diese gute Erfahrungen gemacht haben. Kennen Sie einen Referenten bereits von einer Weiterbildung, so fragen Sie diesen an, ob er auch mit den Eltern Ihrer Einrichtung eine Veranstaltung durchführen würde. Als Referenten mit hoher Expertise kommen zum Beispiel in Betracht:

- MitarbeiterInnen aus Erziehungsberatungsstellen
- SozialpädagogInnen
- KinderärztInnen
- LehrerInnen,
- BuchautorInnen
- TherapeutInnnen,
- PsychologInnen und
- MitarbeiterInnen aus Familienbildungsstätten

Achten Sie bei der Auswahl des Referenten darauf, dass dieser über ausreichend Erfahrung in der Durchführung von Elternabenden verfügt. Natürlich spielt auch die Finanzierung eine wichtige Rolle. Klären Sie zunächst mit dem Träger, ob und wie die Übernahme der Kosten erfolgen kann. Mit einem kleinen Obolus können Sie auch die Eltern beteiligen. In einigen Bundesländern gibt es auch Übersichten zu Referenten. In Sachsen finden Sie zum Beispiel auf dem Bildungsmarkt Sachsen unter www.bildungsmarkt-sachsen.de viele Kontakte von Referenten und Bildungseinrichtungen.

Folgende Fragen können Ihnen dabei helfen, den richtigen Referenten zu finden:

- Bevorzugen Sie eine(n) ReferentIn aus Ihrer eigenen Einrichtung oder von extern?
- Soll der Referent eher eine moderierende oder eine beratende/aufklärende Rolle einnehmen?
- Ist zu Ihrem Wunschtermin ein geeigneter Referent verfügbar, und ist die Finanzierung gesichert?

Zeitplanung

Erstellen Sie im Vorfeld einen Zeitplan und halten Sie diesen ein! Notieren Sie sich während der Vorbereitung die Zeit, die Sie für jeden Punkt einplanen! Planen Sie einen Zeitpuffer für Fragen oder einen Austausch mit den Eltern ein!

Ein Elternabend sollte nicht länger als 1,5 Stunden dauern. An diese Vorgabe halte ich mich auch bei meinen Themenelternabenden. Eine längere Pause oder ein geselliges Beisammensein am Ende des Abends ermöglicht es den Eltern, einander besser kennenzulernen, persönlich relevante Fragen in Kleingruppen zu diskutieren oder mit den ErzieherInnen beziehungsweise LehrerInnen informelle Gespräche zu führen.

Überlegen Sie außerdem, was die passende Uhrzeit sein könnte. Oft werden Elternabende in die Abendstunden gelegt. Sehr gute Erfahrungen habe ich jedoch auch mit Elternnachmittagen gemacht. Überlegen Sie gemeinsam im Team, ob ein Beginn zum Beispiel 16.30 Uhr möglich ist. Bieten Sie den Eltern eine Betreuung für die Kinder an, die nicht abgeholt werden können. Für beide Seiten ergeben sich Vorteile aus einem frühen Beginn: Die Eltern sind nicht so gestresst und wissen, dass sie zum Abendessen wieder zu Hause sind. Außerdem sind sie noch nicht so erschöpft wie am Abend. Die Fachkräfte haben ebenfalls einen langen und anstrengenden Arbeitstag hinter sich. Nach einem Elternnachmittag fällt es leichter, noch ein offenes Ohr für die Anliegen der Eltern zu haben.

In meinen Elternveranstaltungen habe ich bisher keine negativen Auswirkungen von Nachmittagsveranstaltungen auf die Teilnehmerzahl erlebt. Im Gegenteil: Oftmals waren nachmittags mehr Eltern da, als am Abend. Die Kinder müssen schließlich auch abgeholt werden, und oft kann beides miteinander verbunden werden. Allerdings gibt es bei jeder Uhrzeit Eltern, die Sie nicht erreichen werden. Sie können es nicht allen recht machen. Vergessen Sie das nicht!

Achten Sie darauf, dass der Themenelternabend nicht zu nah an anderen Elternveranstaltungen liegt. Bei einer Veranstaltung in einer Grundschule, die ich einmal durchgeführt habe, war die Leiterin von der geringen Teilnehmerzahl enttäuscht. Im Gespräch hat sich herausgestellt, dass bereits eine Woche vorher die regulären Klassenelternabende stattgefunden haben. Die Einladungen zum Themenelternabend wurden erst zu dieser Veranstaltung ausgeteilt. Die Häufigkeit der Veranstaltungen und die kurzfristige Terminbekanntgabe bringt viele Eltern an ihre organisatorischen Grenzen und spiegelt sich in einer geringen Teilnehmerzahl wider.

Beliebte Monate zur Durchführung von Elternabenden sind März, April, Mai, September, Oktober und November. Dies liegt daran, dass hier die wenigsten Eltern im Urlaub sind. Für Eltern von mehreren Kindern kann es hier zu Problemen kommen, weil oft die Elternabende in den Einrichtungen sehr nah beieinanderliegen. Häufig kommt es in dieser Zeit auch zu Engpässen bei den Referenten. Überlegen Sie mit Ihrem Team, ob auch ein anderer Monat realisierbar wäre! Sehr gute Erfahrungen habe ich mit dem Monat Januar gemacht. Die Weihnachtszeit ist vorbei, die Eltern starten erholt ins neue Jahr und auch das Team ist meist komplett verfügbar.

Tipp

Führen Sie den Elternabend doch auch mal außerhalb Ihrer Einrichtung durch! Gerade bei praktischen Themen bietet sich das an. Besonders geeignet sind kleine Gaststätten beziehungsweise Vereins- oder Gemeinderäume. Viele Gaststätten stellen bei ausreichender Teilnehmerzahl den Raum oft kostenfrei zur Verfügung und Ihre Gäste müssen während der Veranstaltung nicht dursten.

Raumgestaltung und Sitzordnung

Achten Sie auf die Gestaltung des Raumes und die Sitzordnung. Nicht immer sind die Räumlichkeiten optimal. Auch wenn der Raum recht klein ist und die Stühle nah beieinanderstehen, kann durch eine durchdachte Anordnung ein angenehmes Klima geschaffen werden. An die Seite gestellte Getränke wirken ebenfalls gut. Achten Sie bei der Stellung der Stühle darauf, dass keine Eltern mit dem Rücken zum Referenten sitzen! Wenn die Gruppen sehr groß sind, haben sich Halbkreise als sehr gut herausgestellt. Vermeiden Sie, wenn möglich, eine Klassenzimmeratmophäre mit Stuhlreihen!

Ein kleines Plakat mit einem Willkommensgruß im Eingangsbereich der Einrichtung oder vor dem entsprechenden Zimmers zaubert sicher ein Lächeln in die Gesichter der Gäste.

Tipp

In Kitas erlebe ich oft, dass sich das Team gesammelt im Elternabend platziert. Mischen Sie sich lieber unter die Eltern. Dies hat zur Folge, dass es weniger Störungen gibt und die ErzieherInnen den Eltern nicht als eine „Front" gegenübersitzen. Vermeiden Sie Markierungen von Plätzen, zum Beispiel mit „Besetzt", „Nur für das Team" oder ähnliches. Oft ist das gut gemeint, da die Eltern eher die vorderen Plätze oder ähnliches nehmen sollen. Es kann aber nach außen auch so wirken, als ob das Team keinen Kontakt mit den Eltern haben möchte.

Durch eine Durchmischung von Eltern und ErzieherInnen ergeben sich häufig sehr anregende Gespräche vor oder nach dem Elternabend. Auch Eltern sitzen gerne in Gruppen zusammen. Nutzen Sie dafür die in Kapitel „Ausgewählte Methoden zum Einsatz im Elternabend" beschriebenen Möglichkeiten, um für die richtige Mischung zu sorgen.

Tipp

Eine große Auswahl an lizenzfreien Bildern zur Verwendung auf Einladungen, Plakaten und Postern zur Ankündigung und Bewerbung Ihres Elternabends finden Sie beispielsweise auf www.pixabay.com.

Einladung

Unabhängig von der Art der Elternveranstaltung muss ein großer Wert auf die Einladung gelegt werden. Dabei können Handzettel, Plakate oder Aushänge bunt, pfiffig und interessant gestaltet sein. Die Gestaltung muss zum Thema und zur Einrichtung passen. Beim Thema gesunde Ernährung können Sie zum Beispiel mit überschaubarem Aufwand einen Apfel zum Aufklappen gestalten und innen die Einladung aufdrucken. Beim Thema Spiel bietet sich ein Baustein an, der die Einladung enthält. Aber auch eine gedruckte Einladung mit allen wichtigen Informationen reicht in vielen Fällen aus.

Während in Kindertageseinrichtungen noch häufig zu selbstgebastelten Einladungen gegriffen wird, werden in Schulen oder Familienbildungseinrichtungen Einladungen per Elternbrief oder Plakat gestaltet. Auch für Kindertageseinrichtungen gilt: Nicht jede Einladung muss gebastelt werden. Eltern geht es vor allem um Informationen zu Inhalt und Referent, sie erwarten keine akribischen Bastelarbeiten. Haben Sie Mut zur Unvollkommenheit! Ein gutes Zitat zum Thema führt oft mehr ins Thema ein als eine selbstgestaltete Einladung. Weniger ist dabei manchmal mehr. Nutzen Sie auch Überschriften, welche auf das Thema neugierig machen und noch nicht alles verraten! Hier einige Beispiele aus meiner praktischen Arbeit:

- Mama, Papa ich will das nicht! – Ich-Entwicklung, Entdeckerzeit und Grenzen.
- Ich spiele doch nur!
- Kinder und Medien – Wie viel Fernsehen, Computer und Co. darf sein?
- Pubertätsstress, Nein Danke!
- Selbstvertrauen und Selbstbewusstsein – Was unsere Kinder stark macht.
- Ausprobieren, Spielen und Entdecken – Wie Kinder lernen und die Welt erforschen.
- Fördern – nicht Überfordern: Wie wir als Eltern unsere Kinder beim Lernen unterstützen können.
- Chaos im Kinderzimmer.
- Bindung schaffen, Geborgenheit geben – Wie Sie Ihre Kinder in ihrer Entwicklung optimal fördern und Entwicklungsschritte positiv begleiten können.

Den Eltern muss das Gefühl vermittelt werden, dass sie etwas verpassen, wenn sie den Elternabend nicht besuchen. Eltern wägen genau ab, welche Veranstaltungen sie besuchen und welche nicht. Sie haben oft wenig Zeit oder ziehen andere alternative Freizeitmöglichkeiten vor. Daher sind „Werbemaßnahmen" nötig, um die Beteiligung zu erhöhen. Übergeben Sie die Einladung persönlich beim Bringen oder Abholen der Kinder. Weisen Sie dabei auf besondere Aktionen hin, wie zum Beispiel einen Imbiss, eine Tombola oder das Programm der Kinder.

Bei der Gestaltung der Einladung nutzen Sie Instrumente, welche Ihre Zielgruppe ansprechen. Arbeiten Sie mit Bildern oder Skizzen beziehungsweise gestalten Sie die Einladung gemeinsam mit den Kindern! Geben Sie knappe Informationen über die vorgesehene Thematik und den Ablauf der Veranstaltung! Auch der zeitliche Rahmen sollte angegeben werden. Weiterhin gehören auch wichtige Informationen, wie zum Beispiel die Möglichkeit der Kinderbetreuung oder der Hinweis auf externe Referenten in die Einladung. So geben Sie den Eltern die Möglichkeit, sich auf die Veranstaltung vorzubereiten.

Achten Sie ebenfalls darauf, dass Sie den Termin nicht zu kurzfristig ansetzen und kommunizieren! Viele Einrichtungen versenden die Einladung zwischen drei Wochen und zehn Tagen vor dem Termin. Das ist sinnvoll, da der Termin bei den Eltern sonst schnell in Vergessenheit gerät. Der Arbeitsalltag vieler Eltern ist wenig flexibel. Geben Sie deshalb den geplanten Termin oder zumindest die Kalenderwoche (wenn Sie selbst noch etwas flexibel bleiben möchten) schon bei der Jahresplanung bekannt. So können auch Eltern im Schichtdienst oder mit Geschwisterkindern planen.

Überreichen Sie die Einladung möglichst in einem persönlichen Gespräch an die Eltern. Vergessen Sie nicht den Rückmeldezettel! Eine schriftliche Anmeldung schafft Verbindlichkeit, hilft Ihnen, den Elternabend vorzubereiten und gibt Planungssicherheit. Dass Einrichtungen nur eine Anmeldeliste aushängen, halte ich für einen großen Fehler, der mir im Alltag noch immer oft begegnet. Eine Liste ist nicht verbindlich. Außerdem wird sie im Alltagsstress oft übersehen. In der Anlage finden Sie Beispiele für Einladungstexte. Laden Sie als Verein ein und ist die Zielgruppe offen, gestalten Sie die Einladung als Flyer oder Plakat. Achten Sie darauf, dass folgende Punkte ersichtlich sind:

- Veranstaltungsdatum und -zeit, Veranstaltungsort
- Anmeldemöglichkeit
- Teilnehmergebühr
- kurzer, aussagekräftiger Titel und Inhaltsbeschreibung
- aussagekräftiges Bild (Bildrechte beachten!)

Durchführung

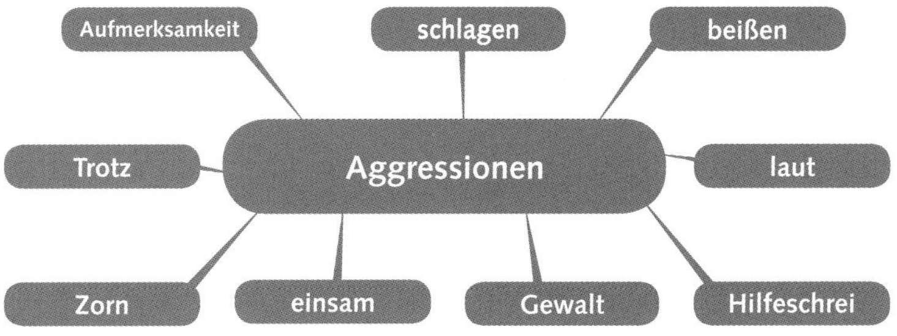

Abb. 5: Beispielsammlung mit Schlagworten zum Thema Aggression

Begrüßung

Zu Beginn der Elternveranstaltung sollten die Eltern möglichst im Eingangsbereich oder vor dem Veranstaltungsraum persönlich mit Handschlag willkommen geheißen werden. Wenn Eltern sich nicht kennen oder der erste Gruppenelternabend ansteht, bauen Sie eine kurze Vorstellungsrunde ein. Nennen Sie weiterhin beim Vorstellen des Ablaufs die Uhrzeit des voraussichtlichen Endes sowie die Schwerpunkte der Veranstaltung. So ufert der Abend zeitlich nicht aus, wenn am Ende noch eine Frage- oder Diskussionsrunde angedacht ist.

In Gesprächen mit Eltern stelle ich immer wieder fest, dass ein Elternabend als Pflichtveranstaltung angesehen wird. Aus der eigenen Kindheit weiß man noch, dass vor allem negative Dinge angesprochen werden. Pädagogische Fachkräfte hingegen sehen den Nutzen in der Stärkung der Erziehungspartnerschaft, sind aber oft aufgeregt oder kennen die potentiell verfügbaren Gestaltungsformen nicht.

Achten Sie immer darauf, den Elternabend locker und praxisnah zu gestalten! Seien Sie authentisch und gehen Sie mit Patzern offen um! Eltern interessiert erfahrungsgemäß am meisten, wie der Alltag gestaltet ist, welche Möglichkeiten ihr Kind hat und welche Themen aktuell anstehen. Arbeiten Sie mit Bildern, Produkten von Kindern oder Videos!

Nicht vergessen sollten Sie die Informationen zum Ablauf der Veranstaltung. Stellen Sie den Referenten kurz vor, erklären Sie den Ablauf und klären Sie vorhandene organisatorische Fragen! Für eine kurze Kennenlernrunde der TeilnehmerInnen eignen sich zum Beispiel verschiedene Motiv-Postkarten. Jeder Teilnehmer zieht eine Karte und beschreibt sich davon ausgehend. Alternativ können Sie die vorgestellte Methode „Gegenstände im Körbchen“ (s. Seite 27) verwenden.

Teilnehmerliste

Zur Begrüßung gehört auch die Ausgabe einer Teilnehmerliste. Falls Sie für die Kommunikation mit den Eltern E-Mail oder WhatsApp nutzen wollen und die notwendigen Daten nicht schon bei der Aufnahme der Kinder von den Eltern abgefragt haben, können Sie diese Daten unter Beachtung der Vorgaben des Datenschutzes mit der Teilnehmerliste abfragen. Die E-Mail-Adresse kann aber auch nur für den einen speziellen Elternabend abgefragt werden, etwa wenn es darum geht, in der Nachbereitung eine Zusammenfassung und/oder die PowerPoint-Präsentation des Referenten an die Eltern zu versenden.

Das Thema näher beleuchten

Das Thema unseres beispielhaften Elternabends lautet „Aggressionen von Kindern“. Die folgenden Punkte sollen verdeutlichen, wie tiefer in die Thematik eingestiegen werden könnte:

- Erfahrungen und Gedanken der Eltern zum Thema aufnehmen: Es bietet sich an, in die Mitte eines Flipchart-Papiers das Wort „Aggression“ zu schreiben oder ein passendes Bild in der Mitte zu platzieren. Die Eltern müssen anschließend ihre Gedanken zum Thema aufschreiben. Die Inhalte werden später gemeinsam im Plenum ausgewertet.

- Eltern sammeln gemeinsam Gründe für Wutausbrüche ihrer Kinder.

- Durchführung als offene Diskussionsrunde oder Gruppenarbeit.

- Referent strukturiert die Ergebnisse, fasst diese am Ende zusammen und ergänzt gegebenenfalls anhand von Beispielen.

- Offener Erfahrungsaustausch: Eltern schildern im offenen Gesprächskreis ihre Erlebnisse während der Trotzphase ihres Kindes und die damit in Zusammenhang stehenden Aggressionen.

- Referent liefert tiefergehende Informationen und Tipps, hier zum Beispiel: „Ich-Entwicklung“, „Trotz“, „Entwicklungsschritte bei Kindern“.

Tipp

Beginnen Sie die Veranstaltung zum Beispiel mit einem Rollenspiel, einer Videosequenz, einem Zitat oder einem Bild! Ich persönlich nutze hier sehr gern ein Foto von einem Kind im Supermarkt, welches einen Wutanfall bekommt. Aber auch ein kleiner Sketch ist eine geeignete Variante zur Eröffnung. Achten Sie darauf, dass Sie alltagsnahe Situationen wählen, in denen sich die Eltern wiederfinden!

- Handlungsstrategien vorstellen: „Umgang mit kindlichen Aggressionen".

- Übung zum Aufstellen von Regeln und Ritualen durchführen.

- Der Referent erläutert die Bedeutung von Regeln und Ritualen.

- Eltern setzen sich mit ihrer „persönlichen Regelliste" auseinander. Unterstützt wird das Ganze durch eine Übung mit Kärtchen mit verschiedenen Regeln, die häufig in Familien anzutreffen sind. Die Eltern ziehen jeweils eine Karte, lesen die Regel laut vor und äußern dazu ihre Meinung (kritische Betrachtung). Eine Regelliste, die sich gut für die Erstellung der Kärtchen eignet, finden Sie in der Anlage.

- Vorstellung von kreativen Möglichkeiten zum Umgang mit Aggressionen: Der Referent erläutert anhand mitgebrachter Materialien Techniken, wie Kinder spielerisch mit eigenen Gefühlen, wie Wut, Angst und Traurigkeit umgehen können (zum Beispiel mittels einer Gefühlsuhr).

- Erarbeitung weiterer Möglichkeiten: Gruppenarbeit mit den TeilnehmerInnen.

Tipp

Die Gefühlsuhr hilft Kindern und Eltern dabei, ihre Gefühle auszudrücken. Spielerisch können Familien so gemeinsam die Welt der Gefühle entdecken. Kinder lernen, welche Gefühle sich hinter den Gesichtern verbergen und welche Bedürfnisse das Gegenüber oder das Kind selbst hat. Somit unterstützt die Gefühlsuhr mit liebevoll gestalteten Zwergen ein harmonisches Miteinander und den spielerischen Umgang mit Konflikten.
Erhältlich ist die Gefühlsuhr unter www.zwergen-box.de.

Abb. 6: die Gefühlsuhr

Zusammenfassung des Themas

Der Referent fasst die Ergebnisse des Elternabends zusammen. Alle TeilnehmerInnen haben die Möglichkeit, ein persönliches Feedback zu geben. Der Referent sollte um kritisches Feedback bitten. Positiv wirkt sich eine schriftliche Zusammenfassung der Inhalte aus. Diese Handreichung können Sie später auch den Eltern zukommen lassen, die nicht an der Veranstaltung teilnehmen konnten.

Auswertung mit den Eltern

Während des Elternabends trauen sich Eltern oft nicht, etwas zu sagen. Auch mit Rückmeldungen, wie „es war schön", können Sie sehr schwer eine Reflexion durchführen. Geben Sie den Eltern deshalb beim Gehen die Möglichkeit für ein Feedback! Dafür stehen verschiedene Methoden zur Verfügung.

Wenn Ihnen bestimmte Punkte in der Vermittlung besonders wichtig gewesen sind, bietet sich eine Zielscheibe an (siehe auch folgende Seite). Geben Sie Kategorien vor, zum Beispiel „Vortragsweise", „eingesetzte Materialien", „praktischer Nutzen" und „eingesetzte Methoden". Lassen Sie die TeilnehmerInnen anhand einer Zielscheibe bewerten, wie die Erwartungen an die einzelnen Kategorien erfüllt worden sind. Befestigen Sie dafür die Zielscheibe an einem Flipchart oder einer Wand und nehmen Sie die Auswertung mittels farbiger Klebepunkte vor (jede Farbe repräsentiert eine Kategorie).

Auch die Smiley-Methode bietet sich für einen ersten Überblick über die Zufriedenheit der Teilnehmer an. Im Anhang finden Sie dafür eine Kopiervorlage. Das Feedback sollten Sie unbedingt in einer Nachbesprechung im Team auswerten. Folgende Punkte sollten hinterfragt werden:

- Wurden unsere Ziele erreicht?
- War die Vorbereitung in Ordnung?
- Gab es einen intensiven Informations- und Erfahrungsaustausch?
- War die Gesprächsatmosphäre gut?
- Gibt es noch offene Themen und Fragen der Eltern?

Immer lohnenswert ist es, die Auswertung des jüngsten Elternabends auf die Tagesordnung der nächsten Elternratssitzung zu setzen. Ebenso wichtig ist die Nachbereitung im Team.

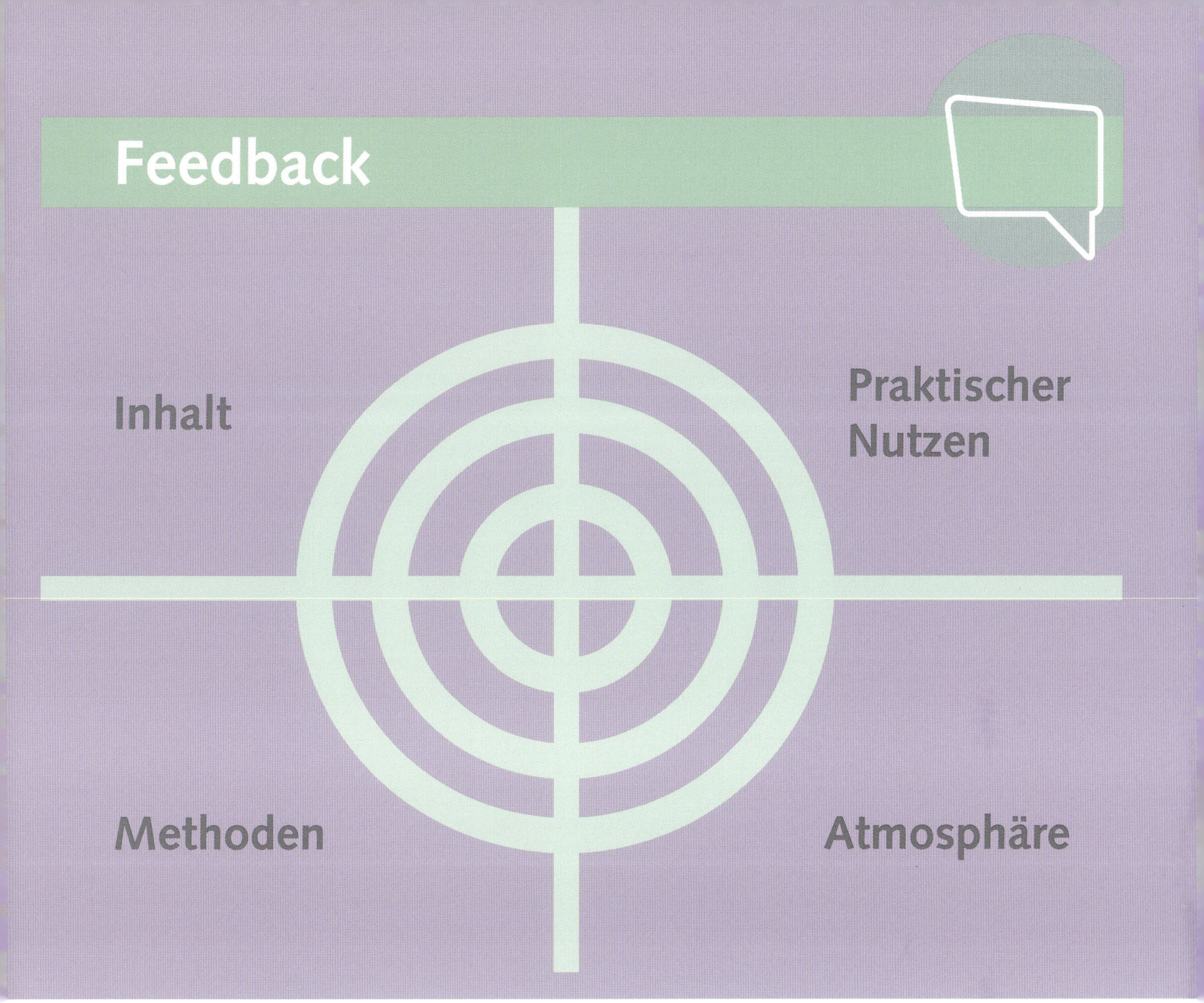

Abb. 7: Zielscheibe für das Feedback

Nachbereitung im Team

In der Praxis wird das aufgrund von fehlender Zeit häufig vernachlässigt. Ein Austausch im Team bietet hier jedoch die Möglichkeit, Positives zu festigen und Optimierungen beim nächsten Elternabend vorzunehmen.

- **Einzelgespräche und Rückfragen:** Nach der Veranstaltung sollten Sie als Team und der Referent für weitere Fragen zur Verfügung stehen. Eltern müssen die Möglichkeit haben, individuelle Fragen in einem persönlichen Gespräch zu klären. Auch nachträglich sollte der Referent für Fragen erreichbar sein (zum Beispiel per E-Mail). Weiterhin hat ein qualifizierter Referent Adressen von Beratungsstellen zur Hand und unterstützt gegebenenfalls bei der Terminvereinbarung.

- **Selbstreflexion der Veranstaltung:** Nutzen Sie das Feedback der Eltern, um gemeinsam mit Ihrem Team den Erfolg der Veranstaltung zu bewerten! Halten Sie fest, was gut funktioniert hat und in Zukunft wieder verwendet werden kann. Seien Sie auch kritisch, was in bei der nächsten Veranstaltung besser/anders zu gestalten ist!

- **Erfahrungswissen festhalten:** Speichern Sie Ihr Erfahrungswissen so detailliert wie möglich und personenunabhängig, zum Beispiel in einem gemeinsamen Dokumentationsordner! Sie können zu einem späteren Zeitpunkt auf diese Unterlagen zurückgreifen und Ihr zukünftiger Planungs- und Vorbereitungsaufwand sinkt.

Methoden

Ob zu einem Elternabend Übungen, Spiele oder praktische Methoden eingesetzt werden sollen, wird unter Kollegen oft diskutiert. Haben Eltern doch einen langen Arbeitstag und sind vorrangig an Informationen interessiert. Doch wenn wir eine Erziehungspartnerschaft gestalten wollen, stehen das gemeinsame aktive Handeln und der Austausch im Mittelpunkt. Achten Sie darauf, dass Eltern nichts tun müssen, was sie nicht möchten. Zudem sollten Sie nicht zu viel Interaktion anbieten und auf ein ausgewogenes Verhältnis zwischenzwischen Information und Austausch achten. Bei einem Themenelternabend, etwa zum Thema Spiel, kann es ruhig etwas mehr sein. Hier stehen die Reflexion und das Ausprobieren im Mittelpunkt. Bei einem organisatorischen Elternabend reicht eine kleine Übung zur Auflockerung. Ich persönlich wende nur Übungen an, die ich durchführen kann, ohne mich verbiegen zu müssen. Denn: Was mich schon Überwindung kostet, führe ich nicht mit Eltern durch! So stehe ich hinter der Übung und kann auch darauf reagieren, wenn sie dann mal doch nicht so gut ankommt.

Gegenstände im Körbchen

Diese Methode eignet sich besonders für die Durchführung der Vorstellungsrunde in kleineren Gruppen. Sie benötigen ein Körbchen, gefüllt mit Alltagsgegenständen. Jedes Elternteil zieht spontan einen Gegenstand und stellt sein Kind und sich vor. Dabei muss das Elternteil einen Bezug zu dem gezogenen Gegenstand herstellen. Diese Methode ist auch gut für Weiterbildungen nutzbar, um die Erwartungen der TeilnehmerInnen abzufragen. Die Aufgabenstellung könnte wie folgt lauten: „Nehmen Sie sich bitte spontan einen Gegenstand, mit dem Sie heute etwas verbinden oder der Ihnen sofort ins Auge fällt." Nachdem alle einen gezogenen Gegenstand haben, beginnt die Vorstellungsrunde:

- Mein Name ist…
- Mein Kind heißt…
- Den Gegenstand habe ich gezogen weil…
- Vom heutigen Abend/von der Weiterbildung erwarte ich…

Folgende Gegenstände eigenen sich besonders für diese Methode: Sonnenbrille, Klebeband, kleiner Ball, Spielwürfel, Lesezeichen, Stift, kleine Tüte Gummibärchen, Pflaster, Feder, kleine Glocke, Baustein, Murmel oder Kochlöffel.

Die Methode kann an Themenelternabende, zum Beispiel zum Thema „Ich spiel doch nur!", angepasst werden. Befüllen Sie das Körbchen hier mit kleinen Spielsachen oder bereiten Sie einen Tisch mit aktuellen Spielsachen vor. Jedes Elternteil sucht sich etwas heraus. Neben der Vorstellung werden Eltern so in den Alltag mit ihren Kindern versetzt und für das Thema aufgeschlossen. So finden Sie über aktuelle Lieblingsspiele der Kinder einen Einstieg ins Thema Spiel und können darauf aufbauend auf den Bildungsplan und aktuelle Forschungen zur Frage, wie Kinder lernen, eingehen. Nutzen sie die Erfahrungen und Beobachtungen aus ihrem Alltag.

Bei einem Elternabend zum Thema Pubertät beinhaltet mein Körbchen Gegenstände, die entweder an die eigene oder die Pubertät der Kinder erinnern. Dies können zum Beispiel Lippenstift, Kassette (Na wer kennt sie noch?), CD, altes Handy (oder Bild davon), Kopfhörer, Kondome, Zigaretten sein.

Tipp

Zum Kennenlernen können Sie auch Kärtchen mit verschiedenen Fragen vorbereiten. Jedes Elternteil zieht eine Karte und beantwortet die Frage. Diese Methode eignet sich auch gut zur Auflockerung von organisatorischen oder Gruppenelternabenden. Eine Vorlage finden Sie in den Kopiervorlagen im Anhang.

Die Knüllzwiebel

Diese Methode stellte mir eine Teilnehmerin in einer meiner Weiterbildungen vor. Alle anderen Teilnehmer waren sofort begeistert. Deshalb darf diese Methode auch hier nicht fehlen. Sie eignet sich besonders, wenn man innerhalb der Gruppe relevante Punkte sammeln und besprechen möchte. Sie benötigen für die Durchführung nur Papier und Stifte. Die TeilnehmerInnen schreiben ein Wort auf, das sie mit dem Thema des Abends besonders assoziieren oder das ihnen zum Thema besonders wichtig ist. Danach werden alle Zettel eingesammelt und zu einer großen „Zwiebel" zusammengeknüllt. Anschließend schälen die TeilnehmerInnen die „Zwiebel" und nennen den auf der Schale enthaltenen Aspekt. Dieser wird dann in der Gruppe diskutiert. Ich habe diese Methode bereits für verschiedene Einsatzzwecke angepasst. Besonders eignet sie sich bei Themenelternabenden. Nachfolgend wird die Anwendung demonstriert am Beispiel „Welche Werte sind mir wichtig?":

Bereiten Sie für jeden Teilnehmer ein DIN-A5-Papier vor. Nachdem Sie eine kurze thematische Einführung zum Thema Werte gegeben haben, reichen Sie jedem Elternteil ein Papier und einen Stift. Bitten Sie die Eltern, den Wert aufzuschreiben, der ihnen in der Erziehung besonders wichtig ist. Nun werden die Zettel alle zu einer „Zwiebel" zusammengeknüllt. Achten Sie darauf, dass es nicht nach der Reihenfolge geht. Ein Elternteil fängt jetzt an – wie beim Schälen einer Zwiebel – den ersten Zettel zu entfernen, liest den Wert vor und wirft beziehungsweise reicht die „Zwiebel" an den nächsten weiter. Sie können nun gemeinsam als Gruppe über die vorgelesenen Werte sprechen. Durch eventuell vorkommende Dopplungen werden besonders relevante Inhalte sichtbar.

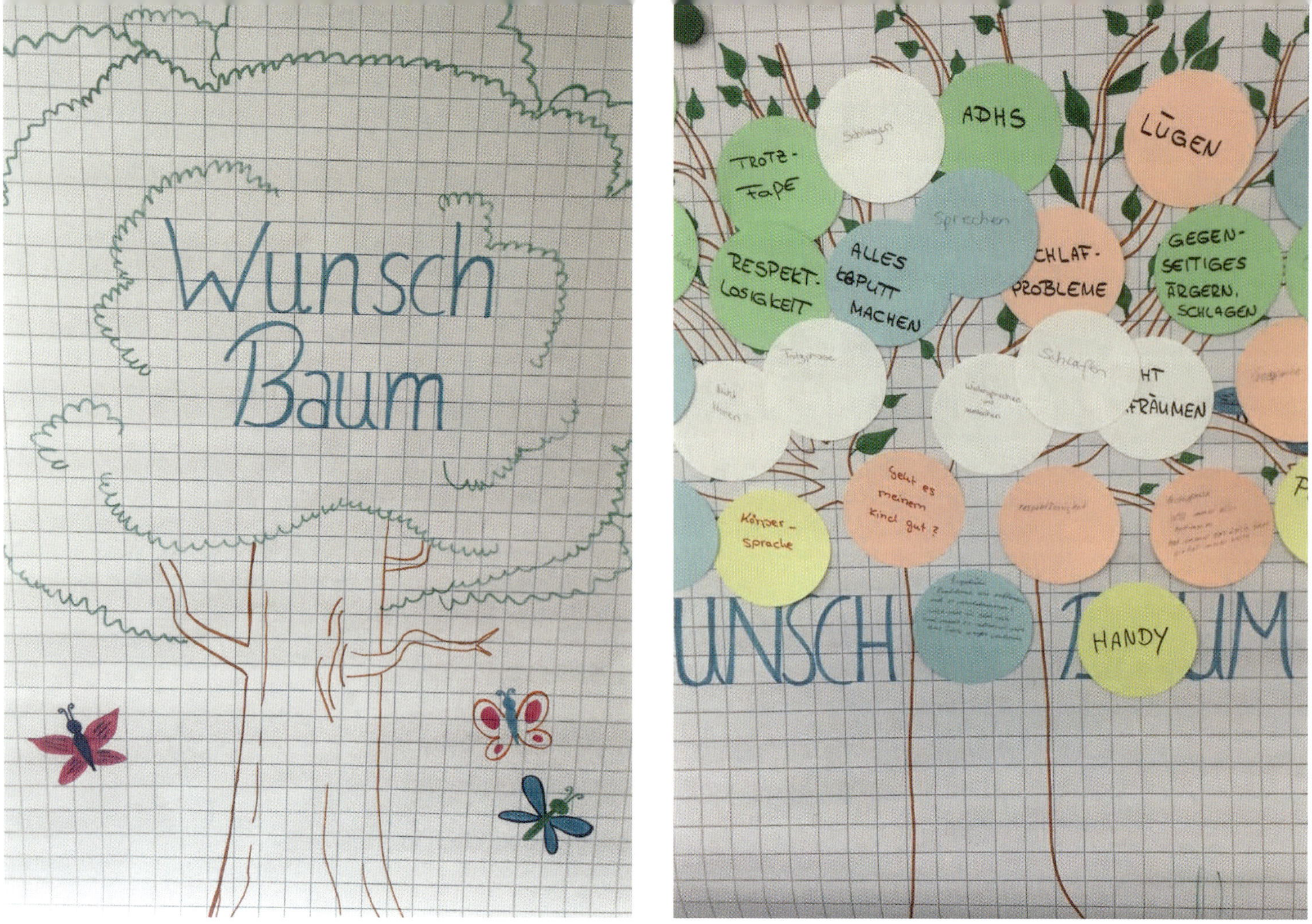

Abb. 8: der Wunschbaum

Der Wunschbaum

Der Wunschbaum ist das Verfahren, das ich bei Weiterbildungen und Elternabenden am häufigsten anwende. Der Vorteil ist, dass der Wunschbaum je nach Situation flexibel angepasst werden kann. Zeichnen Sie zuerst am Flipchart beziehungsweise auf einem großen Bogen Papier einen Baum. Bereiten Sie weiterhin kleine Zettel vor. Optimalerweise gestalten Sie diese in Form von Blättern oder Früchten.

Nachfolgend werden beispielhaft zwei Einsatzmöglichkeiten für den Wunschbaum kurz beschrieben:

Sammlung von Themenwünschen

Sie möchten herausfinden, welche Themen sich die Eltern künftig für einen Themenelternabend wünschen? Bauen Sie den Wunschbaum direkt beim Elternabend oder im Eingangsbereich auf. Bitten Sie die Eltern, die beiliegenden Zettel mit den Themenwünschen zu versehen und an den Baum zu heften.

Tipp

Mehr Rückmeldungen erhalten Sie, wenn Sie jedem Elternteil einen oder mehrere Zettel an den Platz legen. Auch für die Sammlung von Themen im Elterncafé eignet sich diese Methode sehr gut.

Gegenüberstellung von verschiedenen Gruppen

In einem Elternabend zum Thema „Wie können Eltern und Kindertageseinrichtung zusammenarbeiten?" wendete ich ebenfalls den Wunschbaum an. Der Einrichtung, in der ich den Elternabend durchgeführt habe, war das Thema Erziehungspartnerschaft besonders wichtig. Wir bereiteten zwei Wunschbäume vor. Einen für die ErzieherInnen und einen für die Eltern. Die Fragestellung lautete „Was wünschen wir uns von der Zusammenarbeit?". Bei der Auswertung kam heraus, dass ErzieherInnen und Eltern oft das Gleiche wollen, es nur manchmal anders bezeichnen. Bei Eltern und Erziehern kam es durch die Wunschbäume zum großen Aha-Erlebnis. Gerade das Thema Regeln und Rituale tauchte mehrmals auf.

Am effizientesten ist diese Methode, wenn Sie den Wunschbaum im Kitaalltag gemeinsam mit den Kindern erstellen. Die Fragestellung kann hier zum Beispiel „Erwartungen eines Kindes an seine Eltern und Erzieher" heißen. Passen Sie Fragen kindgerecht an das Alter der Kinder an.

Kindermund

Diese Methode eignet sich besonders zur Auflockerung von Gruppenelternabenden. Fragen Sie die Kinder im Vorfeld etwas zu einem bestimmten Thema und schreiben Sie die Antworten auf. Jedes Kind erhält die gleiche Frage. Sie können zum Beispiel ein Herz oder etwas Anderes beschriften. Tragen Sie die Antworten der Kinder zum Elternabend vor, ohne den Namen des Kindes zu nennen! Die Eltern, die glauben, dass ihr Kind die Antwort gegeben hat, mögen bitte aufstehen. Manchmal stehen mehrere Eltern auf, was zu einer humorvollen Atmosphäre beiträgt. Natürlich können die Eltern das gestaltete Herz oder ähnliches am Ende mitnehmen.

Beispiele für Fragestellungen sind:

- Woran erkennt man deinen Vater und deine Mutter?
- Was ist dein Lieblingsspielzeug?

Tipp

Wenn Sie möchten, dass die Eltern gemischt werden, verteilen Sie am Eingang eine Platznummer, Symbole oder farbige Bausteine. Durch diese finden die Eltern dann den richtigen Platz. Diese Methode ist vorteilhaft, wenn Sie die üblichen Grüppchen aufträufeln möchten. Achten Sie hier darauf, dass sich auch das Team daran beteiligt! Diese Methode eignet sich auch, wenn Sie Gruppen bilden möchten.

Alltagssituationen

Die Arbeit mit Kindern führt immer wieder zu humorvollen Alltagssituationen. Viele Fachkräfte nutzen diese sowie ihre Beobachtungen, um Elternabende zu eröffnen. Legen Sie sich dafür ein kleines Buch zurecht. Schreiben Sie kindliche Situationen, Kindermund und Momente, die Sie besonders berühren, auf. Diese können Sie dann zu Beginn des Elternabends präsentieren. Achten Sie bei der Auswahl immer darauf, dass Sie kein Kind bloßstellen und dass der Datenschutz gewahrt wird!

Platzsuche

Der erste Elternabend kann dadurch aufgelockert werden, dass die Eltern ihren „richtigen" Platz erst suchen müssen: Dafür malen die Kinder vorher ihre Familie. Alle Bilder liegen auf den Plätzen aus. Nun ist die Spannung groß: „Wo sind wir?" Es entwickeln sich dabei oft spontane Gespräche unter den Eltern.

Weitere Methoden:

- Eltern erkennen das Selbstbildnis des Kindes.
- Ein Fuß-/Handabdruck des Kindes wird ausgelegt.
- Die Augen der Kinder werden fotografiert und die Eltern erkennen ihr Kind an den Augen.

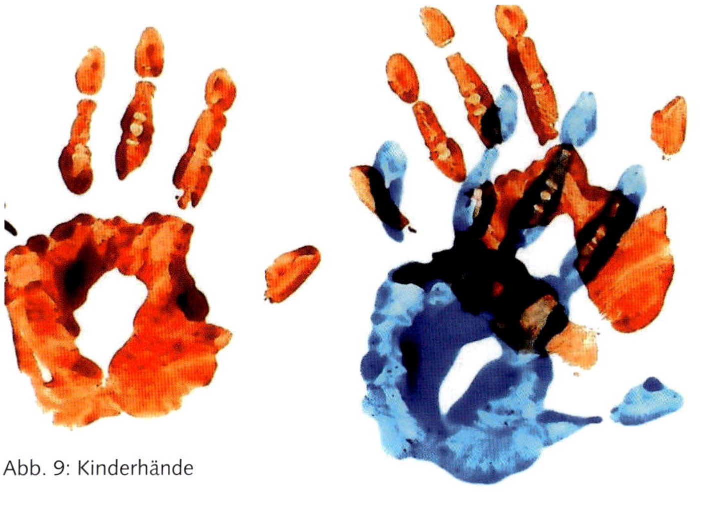

Abb. 9: Kinderhände

Abb. 10: Beispiel für die Vorstellung anhand des Namens

Vorstellung anhand des Namens

Teilen Sie leere Blätter an die Eltern aus! Bitten Sie die Eltern, den Namen ihres Kindes horizontal aufzuschreiben! Nun sollen die Eltern anhand der Buchstaben jeweils ein Wort aufschreiben, welches eine Begabung, ein Interesse oder eine positive Eigenschaft ihres Kindes ausdrückt.

Es muss dabei nicht immer mit dem Anfangsbuchstaben begonnen werden. Das obige Bild verdeutlicht dies. Anhand des Blattes können die Eltern ihr Kind kurz vorstellen. Das Blatt kann am nächsten Tag dem Kind überreicht und gemeinsam ins Portfolio geklebt werden.

Nachrichtentausch

Dieses Verfahren eignet sich besonders für Schulen. Lassen Sie auf kleinen Notizzetteln die Kinder eine persönliche Nachricht schreiben oder malen! Legen Sie diese auf die Plätze und versehen Sie die Rückseite mit dem Namen des Kindes! Die Eltern finden so ihren Platz. Lassen Sie am Elternabend auch die Eltern eine kleine Botschaft an die Kinder verfassen und geben Sie diese am nächsten Morgen den Kindern! Eltern sind in der Regel sehr gerührt von den Nachrichten der Kinder. Auch die Kinder sind stolz, wenn sie von Mutti oder Vati eine Antwort erhalten haben.

Weitere Ideen zur Auflockerung eines Elternabends

Während der Vorbereitung

- Nutzen Sie die Kompetenzen der Eltern (etwa Organisationstalent, Kreativität, Moderation) zum Beispiel bei der Vorbereitung und aktiven Gestaltung des Elternabends sowie der Motivierung anderer Eltern!
- Bereiten Sie die Räumlichkeiten gemeinsam mit den Kindern vor!
- Verlegen Sie den Elternabend an einen Ort außerhalb Ihrer Einrichtung, zum Beispiel im Sommer nach draußen oder in andere externe Räume!
- Basteln Sie eine Fotogalerie indem Sie Fotos der Kinder (Datenschutzrichtlinie beachten) an eine Leine kleben und diese zum Elternabend aufhängen!
- Basteln Sie gemeinsam mit den Kindern kleine Geschenke, die den Eltern dann zum Elternabend überreicht werden!

Zum Einstieg in den Elternabend (inklusive Kennenlernspiele)

- Fragen Sie Erwartungen der Eltern durch den Einsatz kreativer Methoden ab! So können Sie zum Beispiel einer Wäscheleine aufhängen, auf der Zettel mit folgenden Satzanfängen hängen:
  - Ich wünsche mir von einem Elternabend…
  - Beim Elternabend ist mir wichtig…
  - Gar nicht möchte ich…
  - Gefallen hat mir bisher…
- Spielen Sie Alltagssituationen in Form von Sketchen (zu Beginn) nach!
- Führen Sie gemeinsame Rollenspiele, Pantomime, Spieleabende, Zahlenland, Gesprächsspiele (zum Beispiel „Table-Talk") durch!
- Machen Sie Bewegungsspiele mit den Eltern!
- Zeigen Sie einen wertvollen Filmbeitrag, zum Beispiel „Wege aus der Brüllfalle"!
- Lesen Sie zum Beispiel aus „Ernst des Lebens", „Weltwissen der Siebenjährigen" oder Zitate beziehungsweise Weisheiten/Sinnsprüche vor!

Während des Elternabends

- Setzen Sie Bilder und Karikaturen ein, um bestimmte Sachverhalte einprägsam zu gestalten!
- Zeigen Sie Filme, zum Beispiel aus dem Tagesablauf Ihrer Kindertageseinrichtung oder Schule!
- Sammeln Sie kreative Ideen mit den Eltern beim Elternabend, zum Beispiel für das nächste Schulfest!
- Lassen Sie die Eltern die Aktivitäten ihrer Kinder in der Kindertageseinrichtung beziehungsweise Schule „durchleben"! Zum Beispiel können Eltern Experimente ausprobieren, die Sie sonst mit den Kindern gemeinsam durchführen.
- Zeigen Sie Fotos, welche die Kinder selbst fotografiert haben!
- Malen Sie mit den Eltern!
- Puzzeln Sie gemeinsam mit den Eltern oder entwerfen Sie gemeinsam ein Gruppenbild!
- Lernen und singen Sie gemeinsam mit den Eltern ein Lied!
- Machen Sie Sportübungen mit den Eltern!
- Bereiten Sie mit den Eltern eine gesunde Mahlzeit zu und verspeisen Sie diese im Anschluss gemeinsam!
- Lassen Sie die Eltern Kleidung ihrer Kinder, die nicht beschriftet ist, erkennen!
- Machen Sie Fotos vom Inhalt der Brotdosen der Kinder und besprechen Sie davon ausgehend mit den Eltern das Thema gesunde Ernährung! Achten Sie hier unbedingt darauf, dass der Inhalt der Brotdose nicht einem bestimmten Kind zugeordnet werden kann!
- Spielen Sie mit Handpuppen ausgewählte Alltagssituationen vor!
- Betreten Sie das Zimmer über einen Bewegungsparcours!
- Geben Sie Beispiele für gesunde Ernährung mit entsprechenden Kostproben!

Tipp

Sie haben noch mehr Ideen? Ergänzen Sie diese in Ihrer individuellen Sammlung! Sammeln Sie Ideen auch in Ihrem Team und legen Sie einen Ideenpool an!

Formen

Oft werden Elternveranstaltungen in Form von organisatorischen Elternabenden oder Themenelternabenden durchgeführt. Allerdings stehen auch noch andere Formate zur Auswahl. Insbesondere, wenn sich die Eltern schon etwas länger kennen und miteinander vertraut sind, bietet sich die Durchführung eines gemeinsamen Eltern-Kind-Nachmittags oder eines Kreativnachmittags/-abends an. Ausgewählte Formen stelle ich Ihnen nachfolgend kurz vor.

Gemeinsamer Eltern-Kind-Nachmittag oder -Abend

Ein Eltern-Kind-Nachmittag stellt oftmals eine Bereicherung für alle Beteiligten dar. Führen Sie die Veranstaltung in einem Ambiente durch, in dem sich alle Beteiligten wohlfühlen. Organisieren Sie ein Gartenfest oder unternehmen Sie einen Ausflug in die Natur! Angebote wie ein Barfußpfad oder Kochen runden das gemeinsame Erleben ab.

In der Praxis hat sich bewährt, die erste halbe Stunde der Veranstaltung durch die Kinder absolvieren zu lassen. Studieren Sie dazu gemeinsam mit den Kindern ein kleines Programm ein! Im Anschluss bauen Sie ein paar Übungen ein, die Eltern und Kinder zusammen durchführen können! Danach haben Sie noch genügend Zeit, um mit Eltern und Kindern in entspannter Atmosphäre über relevante Themen zu sprechen. Der Vorteil dieser Veranstaltungsform für pädagogische Fachkräfte ist die Stärkung der Erziehungspartnerschaft mit den Eltern. Eltern und Fachkräfte lernen sich auf einer lockeren Ebene kennen und können sich „beschnuppern". Durch das gemeinsame Erleben auch von Humor wird ein positiver Grundstein für die künftige Zusammenarbeit gelegt. Außerdem kann so aus einem Eltern-Kind-Nachmittag schnell ein schöner Abend werden.

Kreativnachmittag oder -abend

Viele von Ihnen kennen aus der eigenen Kindheit noch die klassischen Kreativabende, bei denen die Eltern etwas für die Kinder gebastelt haben. In den meisten Fällen hatte dann jedes Kind am nächsten Morgen das gleiche „Kunstwerk" an seinem Platz liegen.

Auch heute sind diese praktischen Angebote sinnvoll, um in einer lockeren Atmosphäre ins Gespräch zu kommen. Allerdings sollte die Veranstaltung an die heutige Zeit angepasst werden. Nicht jedes Kind muss das gleiche gebastelt bekommen. So unterschiedlich wie die Kompetenzen der Kinder sind, so verschieden sind auch die Begabungen der Eltern. Ich führe regelmäßig solche Veranstaltungen unter dem Motto „Kreativ mit einfachen Mitteln" durch. Dafür bereite ich den Eltern einen Tisch mit verschiedenen Materialien vor. Neben Leim, Schere und anderem mehr sind dies oft Gegenstände, die im Alltag übrigbleiben, wie zum Beispiel:

- leere Klopapierrollen
- Naturmaterialien
- leere Cappuccinodosen
- alte Zeitschriften
- Hüllen von Teelichtern
- Geschenkpapier
- Baby-, Suppen- oder Marmeladengläser

Es gibt verschiedene Möglichkeiten der Aufgabenstellung: Entweder jedes Elternteil bastelt ein Geschenk für das eigene Kind oder die Eltern stellen aus diesen und weiteren Materialien gemeinsam etwas für die ganze Gruppe her. Letzteres hat den Vorteil, dass auch die Kinder, deren Eltern nicht anwesend sind, etwas Gebasteltes erhalten. Hier ist es wichtig, dass Dinge wie Leim, Schere und so weiter nur einmal vorhanden sind, damit einzelne Eltern sich nicht aus der Gruppe herausnehmen können. Gerade bei dieser Übung entsteht ein toller Austausch unter den Eltern.

Wenn Eltern etwas für das eigene Kind herstellen sollen, lege ich das Buch „Zwergenwerkstatt Kreativheft | Bastelanleitungen, Experimente & Farbenrezepte für Kinder" aus. Jede Menge Tipps und Anregungen laden zum gemeinsamen Ausprobieren ein. Die meisten Materialien sind in jedem Haushalt oder in der Natur zu finden. Die Zeichnungen sind kindgerecht und regen die Kreativität und die eigene Phantasie an. Die zahlreichen Bilder fördern das gemeinsame Basteln. Schon beim Lesen der Anleitungen können die Kinder durch das Zuordnen der zahlreichen Zeichnungen beteiligt werden. Auch als Eltern-Kind-Nachmittag eignet sich diese Elternveranstaltung hervorragend.

Beispiele, die gebastelt werden können:

- Stifte-Halter aus Klopapierrollen
- Schmetterlinge aus Geschenk- oder Altpapier
- Anhänger, zum Beispiel für Weihnachten
- Windlichter
- Naturschmuck

Viele Ideen lassen sich auch umwandeln oder für eigene, kreative Projekte verwenden. Mir ist es bei diesen Angeboten wichtig, die Eltern wieder an die Verwendung einfacher Materialien heranzuführen. Die kleinen im Buch versteckten Rätsel regen dazu an, sich mit den verwendeten Materialien noch einmal genauer zu beschäftigen. Besonders eignet sich dieses Buch auch für die Kindergruppe.

Tipp

Das von mir entwickelte „Zwergenwerkstatt Kreativheft" hält auf 170 Seiten mehr als 30 Anleitungen und Rezepte für preisgünstige und nachhaltige Bastelangebote für Kinder und Erwachsene bereit. Das Heft ist für 12,95 Euro (zuzüglich Versandkosten) online unter www.zwergenbox.de bestellbar.

Abb. 11-14: Beispiel für Bastelangebote

Tipp

Bastelidee aus dem Zwergenwerkstatt-Kreativheft:

Nussschalen-Maus

Aus leeren Nuss- & Pistazienschalen lassen sich wunderbar kleine Mäuschen basteln.

Benötigt werden:

- Schalen von einer Walnuss
- Schalen von einer Pistazie
- kleines bisschen Wolle oder Papier
- Kleber (Heiß- oder Bastelkleber)
- Stifte zum Bemalen

Und so geht es:

Schau Sie sich die Walnussschalenhälfte genau an und uberlegen Sie, auf welcher Seite die Nase der Maus sein soll.

Dann nehmen Sie die beiden Hälften der Pistazienschale und kleben sie links und rechts auf die Walnussschale. Nun hat Ihre Maus schon ihre Ohren bekommen.

Jetzt können Sie ihr hinten noch ein Schwänzchen aus Wolle oder Papier ankleben und vorne Augen und Nase aufmalen.

Kulturen

Einrichtungen stehen heute – neben den unterschiedlichen Ausgangslagen von Eltern – auch vor der Herausforderung, Eltern verschiedener Herkunftsländer in die Elternarbeit einzubeziehen. Eltern leben heute in verschiedenen Familienformen, haben unterschiedliche Lebensbedingungen und sind mit einer Vielzahl von Anforderungen konfrontiert. So gibt es zum Beispiel neben alleinerziehenden Eltern und Patchwork-Familien auch verschiedene Bildungsbiografien der Eltern, die Einfluss auf die Zusammenarbeit mit der Einrichtung haben. Auch die Erwartungen und Vorstellung von Eltern an die Erziehungspartnerschaft variieren. Kommen noch Kommunikationsprobleme oder Scheu vor fremden Kulturen als Herausforderungen dazu, kann dies zu Stress, Unsicherheit und Angst bei Fachkräften führen.

Nachfolgend werden die Grundlagen für die Zusammenarbeit mit Eltern aus anderen Kulturen beschrieben, die Rolle von Netzwerken aufgezeigt und Tipps für die Gestaltung des Alltags gegeben.

Grundlagen

Nicht selten sind pädagogische Fachkräfte unsicher im Umgang mit Familien anderer Kulturen. Fachkräfte sollten sich dabei bewusst sein, dass auch für Eltern aus anderen Kulturen das deutsche Bildungssystem und die Kinderbetreuung mit ihren zahlreichen Vorgaben und Anforderungen schwer zu verstehen sind. Schon alleine die vielfältigen Materialien und Hilfsmittel, wie zum Beispiel Hefte, Stifte oder Blöcke, die für die Schule angeschafft werden müssen, sind für diese Eltern oft unverständlich.

Daher ist vor allem darauf zu achten, dass Eltern verständliche Informationen erhalten, die klar strukturiert und einfach formuliert sind. Schaffen Sie Klarheit und Transparenz! Dies hilft den Eltern, Vertrauen zu Ihnen und Ihrer Arbeit aufzubauen. Vor allem aber: Haben Sie Geduld! Das Verarbeiten von Eindrücken und das Lernen von Neuem brauchen Zeit. Bestätigen Sie Eltern in ihrem Handeln, um so unsicherem Verhalten vorzubeugen!

Dies geht auch, ohne die Sprache des Gegenübers zu beherrschen. Positive Gesten, ein zustimmendes Lächeln oder Bestätigung durch Zeichen wirken oft mehr als viele Worte. Erkennen Sie auch Bemühungen der Eltern an! Nicht alles wird auf Anhieb funktionieren. Nicht nur die Eltern müssen sich auf die Einrichtung einstellen. Auch wir müssen bedarfsgerechte Strukturen bieten. Für Eltern ist es oft beschämend, wenn sie das Gefühl haben, etwas falsch zu machen. Eine offene, vertrauensvolle und fehlerfreundliche Atmosphäre in der Einrichtung gibt Sicherheit und macht Mut. Klare Regeln, Struktur und Rituale geben Familien Schutz, Orientierung und Halt.

In den Einrichtungen sollte eine Willkommenskultur gelebt und gestaltet werden. Stellen Sie sich dabei insbesondere folgende Fragen:

- Finden sich die verschiedenen Nationen (und ihre Sprachen) zum Beispiel in Aushängen, Willkommensgrüßen und anderem mehr in der Einrichtung wieder?
- Gibt es Bücher und Materialien für die Kinder in ihrer Herkunftssprache?
- Sind wichtige Informationen, etwa zu Regeln und Materialien, zur Mitnahme in verschiedene Sprachen übersetzt?
- Werden bedarfsgerechte Informationen zu essentiellen Veranstaltungen, wie zum Beispiel Elternabende, an Familien ausgeteilt?
- Stehen Dolmetscher für Elternabende zur Verfügung?

Tipp

Es kommt immer wieder vor, dass die Kinder selbst oder ältere Geschwister die Gespräche mit Erzieherinnen und Lehrerinnen für die geflüchteten Eltern übersetzen. Bei den beteiligten Pädagogen erfordert das ein besonderes Gespür, wie was formuliert werden kann, insbesondere, wenn es um kritische Inhalte geht. „Falls irgend möglich, sollten Kinder bei besonders belastenden Gesprächen nicht dolmetschen, sondern eine andere Vertrauensperson der Familie“, schreibt Hanne Shah in einer entsprechenden Handreichung des Ministeriums für Kultus, Jugend und Sport des Landes Baden-Württemberg.

Netzwerke

Um den Anforderungen im Alltag gerecht zu werden, ist ein gutes Netzwerk für Ihre Einrichtung unentbehrlich. Dieses hilft, einer Überforderung des Teams vorzubeugen. Folgende Netzwerkpartner können im pädagogischen Alltag bei der Zusammenarbeit mit Eltern anderer Kulturen Unterstützung bieten:

- andere Kitas oder Schulen
- Familienbildungseinrichtungen
- Patenschaftsprogramme, zum Beispiel Familienpaten
- Beratungsstellen
- interkulturelle Familientreffs
- (ehrenamtliche) Dolmetscher
- Jugendämter
- Netzwerke und Arbeitsgemeinschaften
- ehrenamtliche MitarbeiterInnen
- spezielle Fortbildungsangebote

Aber vor allem sind eine einheitliche Ausrichtung der Arbeit innerhalb der Einrichtung und eine vertrauensvolle Zusammenarbeit mit dem Träger wichtig. Schaffen Sie auf jeden Fall Begegnungsangebote für die Familien in Ihrer Einrichtung! Um Vorurteilen anderer Eltern vorzubeugen, sind Kommunikation und ein gegenseitiges Kennenlernen unabdingbar.

Behalten Sie aber in jedem Fall Ihre Ressourcen im Blick! Die Integration geflüchteter Menschen kann nur gelingen, wenn alle Beteiligten, also insbesondere auch Bundes- und Landespolitik und die verantwortlichen Politiker in Ihrem Landkreis, Ihrer Stadt oder Gemeinde, das Thema auf der Agenda haben. So werden Sie bei der Elternarbeit mit geflüchteten Familien immer auf finanzielle Unterstützung, inbesondere für Dolmetscherdienste, angewiesen sein. Immerhin haben das Deutsche Institut für Wirtschaftsforschung (DIW Berlin) und des ZEW – Leibniz-Zentrum für Europäische Wirtschaftsforschung in Mannheim, in einer Studie nachgewiesen, dass der Kitabesuch geflüchteter Kinder für eine deutlich bessere Integration vor allem der Mütter sorgt (vgl. Gambaro et. al., S. 811).

Tipps für den Alltag

Im Folgenden ein paar Tipps für den Alltag:

- Schaffen Sie eine Willkommenskultur!

- Erstellen Sie ein Informationsblatt mit Rahmenbedingungen und wichtigen Informationen in den relevanten Sprachen! Relevante Inhalte sind zum Beispiel wichtige Telefonnummern, Bring- und Abholzeiten, Schulbeginn, Abmeldung bei Krankheit, Bekleidung in der Einrichtung (zum Beispiel Hausschuhe), Vesper (Was darf mitgebracht werden?).

- Bieten Sie, wenn möglich, Schnuppertage an!

- Sprachbarrieren können durch Fotos und Bilder, Dolmetscher sowie künstlerische Aktivitäten überwunden werden.

- Knüpfen Sie bei der Auswahl von Lern- und Spielmaterialien an die vertraute Lebenswelt der Kinder an! Es eignen sich beispielsweise Fotos aus dem Herkunftsland, mehrsprachige Bücher, interkulturelle Puppen und Naturmaterialien.

- Geben Sie Kindern die Möglichkeit, kreativ zu werden!

- Entdecken Sie die Interessen und Begabungen des Kindes (zum Beispiel: Welches Musikinstrument hat das Kind bisher gespielt?)!

- Finden Sie heraus, was dem Kind bereits vertraut ist und knüpfen Sie daran an!

Angeleitete Angebote sind sehr wichtig:

- Kinder beobachten sehr viel und brauchen Begleitung. Erhöhen Sie die Anforderungen nach und nach!

- Achten Sie auf die bisherigen Ernährungsgewohnheiten und respektieren Sie religiöse Besonderheiten! Oft mögen die Kinder zum Beispiel keine kohlensäurehaltigen Getränke oder Früchtetees. Bieten Sie den Kindern Alternativen an!

- Unterstützen Sie die Kinder bei der Erledigung der Hausaufgaben! Greifen Sie hier auch auf ehrenamtliche HelferInnen zurück!

- Verwirren Sie die Kinder nicht durch zu viel Entscheidungsfreiheit!

- Schaffen Sie Angebote (Sport, Spiel, Theater, Musik), ohne Druck auszuüben!

- Zeigen Sie Interesse an der Heimat und der Kultur des Kindes:
    - Wie habt ihr früher zu Hause Feste gefeiert?
    - Habt ihr in der Stadt oder auf dem Land gelebt?
    - Was ist dein Lieblingsessen?

- Lassen Sie die Kinder von positiven Erlebnissen von zu Hause erzählen! Respektieren Sie aber auch, wenn Kinder etwas nicht erzählen wollen!

Präsentation

Heute stehen wir im Berufsalltag mehr denn je vor der Herausforderung, viel und richtig kommunizieren zu müssen. Besonders in Einrichtungen der sozialen Arbeit ist zwischenmenschliche Kommunikation unverzichtbar und seit jeher elementarer Bestandteil des Alltags. Dabei ist es für Fachkräfte zunehmend wichtig, sich selbst, die eigenen Ideen oder auch die eigene Arbeit präsentieren und ausdrücken zu können. Es gilt, das neue Projekt vorzustellen, die eigenen Arbeitsergebnisse vorzutragen oder anderweitig Informationen zu präsentieren. Deshalb führt an einer kurzen Auseinandersetzung damit, wie wir unter Zuhilfenahme von Präsentationshilfen möglichst effektiv und effizient Dinge aufbereiten und weitergeben können, kein Weg vorbei.

Gründe für den Einsatz von Präsentationshilfen

Primär soll ein Präsentationsprogramm das bewerkstelligen, wofür auch analoge Präsentationsmittel dienen: den Vortragenden unterstützen, Dinge anschaulich machen und die Zuhörenden abholen. Dabei ist eine digitale Präsentation ihrem analogen Gegenstück in einigen Aspekten überlegen, birgt allerdings auch Risiken für den Vortragenden. Generell sind Präsentationsunterstützungen gerade in Bezug auf individuelle Lernprozesse oftmals zunächst sehr positiv, denn: Wir Menschen unterscheiden uns in unseren Lerntypen oft ganz deutlich. Diese werden gern wie folgt kategorisiert:

- **Auditiver Lerntyp** – lernt am besten, indem er zuhört.
- **Visueller Lerntyp** – lernt am besten, indem er zusieht.
- **Kommunikativer Lerntyp** – lernt am besten, indem er über etwas spricht.
- **Motorischer Lerntyp** – lernt am besten, indem er etwas macht.

Dabei besitzt der Lernende meist unterschiedlich stark ausgeprägte Lerneigenschaften mehrerer Typen. Und selbst wenn man jedem Menschen einen festen Typ zuweisen könnte, so hätte man bei einer Präsentation mit der Diversität der Zuhörer stets eine bunte Mischung. Daher ist es sinnvoll, alle Kanäle anzusprechen. Zum Sprechen beim Vortrag kommt dann das Sehen dazu. Hier bieten sich Präsentationspro-gramme an. Diese sollen nicht den Redner ersetzen, sondern ihn unterstützen.

Die Methoden, mit deren Hilfe sich ein Vortrag oder eine Präsentation unterstützen lassen, sind mannigfaltig und ein Patentrezept für das bestmögliche Ergebnis gibt es nicht. Dem Vortragenden bietet sich dabei eine fast unüberschaubare Auswahl an analogen oder digitalen Präsentationshilfen.

Zu den analogen Präsentationshilfen gehören:

- Whiteboard,
- Tafel,
- Flipchart,
- Post-Its und
- Plakate.

Digitale Präsentationshilfen sind beispielsweise:

- Microsoft PowerPoint,
- Apache OpenOffice Impress,
- Prezi,
- Haiku Deck,
- Google Slides,
- Slides und
- Sway.

Was ist PowerPoint und warum nutzen wir es?

In Unternehmen, Behörden und sozialen Einrichtungen hat sich innerhalb des vergangenen Jahrzehnts ganz deutlich der Platzhirsch PowerPoint etabliert. Wenn auch von vielen Seiten belächelt oder verteufelt, so kann PowerPoint doch aufgrund vieler Eigenschaften ein durchaus probates Hilfsmittel darstellen.

Für beruflich Tätige in sozialen Einrichtungen kann PowerPoint eine gute Unterstützung sein, Elternabende, Kurse und Seminare attraktiver zu gestalten und gleichzeitig mehr Sicherheit und Struktur zu bieten. Das Erstellen und Bearbeiten von PowerPoint-Vorträgen ist außerdem kein Hexenwerk. Mit geringer Einarbeitungszeit und einer adäquaten Checkliste von Dos and Don'ts kann auch eine IT-unerfahrene pädagogische Fachkraft eine ansprechende Präsentation erstellen. Suchen Sie also eine Möglichkeit, Ihre Präsentationen aufzuwerten, die einfach zu erlernen, flexibel und schnell umsetzbar ist, stellt PowerPoint eine gute Wahl dar.

PowerPoint ist ein Programm zum erstellen von Präsentationen, das meist genutzte weltweit: 95 Prozent aller Präsentationen werden mit ihr erstellt – egal, ob in Unternehmen, bei Vorträgen und Schulungen, im Unterricht oder privat. Jährlich werden Schätzungen zufolge mehr als 100 Milliarden Folien erstellt. Immer dann, wenn Sie anderen Menschen Informationen vermitteln möchten, zum Beispiel während eines Vortrages, können Sie das mittels PowerPoint sehr günstig bewerkstelligen. Die Informationen werden dabei auf sogenannten Folien zusammengestellt und während des Vortrages den Zuhörern zur Ansicht gegeben. Das geschieht zumeist mittels Beamer. Die Folien können aber auch ausgedruckt oder über Laptops und PCs angesehen werden. PowerPoint macht es möglich, einzelne Objekte mit Bewegung zu versehen, aussagekräftige Diagramme und Organigramme zu erstellen, den Vortrag mit Ton zu hinterlegen oder auch Videoclips einzubauen.

Tipp

Viele Referenten sind gern bereit, Ihnen die PowerPoint-Präsentation im Nachgang der Veranstaltung zur Verfügung zu stellen. Diese Gelegenheit sollen Sie nutzen! Gemeinsam mit dem Protokoll oder einer Zusammenfassung des Elternabends können Sie die Präsentation dann den Eltern Ihrer Gruppe/Klasse/Kita zur Verfügung stellen. Damit erhalten auch die Eltern, die am Elternabend nicht teilnehmen konnten oder wollten, einen Input.

Vor- und Nachteile von digitalen Präsentationen

Zum einen ist der Transport einer Präsentation am einfachsten, wenn diese in digitaler Form vorliegt. Auf die gleiche Weise wie E-Books oder E-Mails ist sie deshalb durch den geringen Papierverbrauch sehr umweltfreundlich. Auch für den Vortrag selber hat die Präsentation einige Vorteile. Die digitale Bearbeitung der Präsentation führt zwangsläufig zu einer gewissen Struktur und Organisation des Vortrags, da auf jeder Folie nur ein Thema angesprochen werden sollte. Die digitale Präsentation bietet außerdem eine gute Gedankenstütze, wenn man sich im Redefluss verzettelt oder den Faden verliert.

Bei richtiger Anwendung sollte die grafische Unterstützung allerdings auch die einzige Aufgabe der digitalen Präsentation bleiben. Die grafische Unterstützung sollte Ihnen im Idealfall helfen, die Aufmerksamkeit der Zuhörer zu gewinnen und zu halten. Ein weiterer Vorteil der digitalen Präsentation ist, dass Änderungen und Aktualisierungen auch im letzten Moment noch problemlos durchgeführt werden können. Aufwendig gestalteten Präsentationsboards oder -karten fehlt in dieser Hinsicht die Flexibilität.

Die Gefahr besteht, zu vergessen, dass Sie der Mittelpunkt Ihres Vortrages sind. Es kann vorkommen, dass Sie sich zu sehr auf Ihre digitale Präsentation verlassen und darüber Ihre eigene Körperhaltung und Artikulation vergessen. Auch die Verdunklung des Raumes, in dem der Vortrag gehalten wird, kann oftmals ein Problem darstellen, da viele Leute sich zu sehr entspannen und die Konzentration verlieren.

Zusätzlich kann es eine gewisse Gefahr darstellen, sich auf die Technik verlassen zu müssen. Da die Möglichkeit besteht, den USB-Stick zu vergessen, der Beamer just im Moment der digitalen Präsentation den Geist aufgeben kann oder der Laptop mit dem HDMI-Kabel möglicherweise nicht kompatibel ist, sollte man sich in jedem Fall doppelt gegen mögliche Ausfälle absichern. Auch die falsche Handhabung des Programms kann zu einem Problem werden. Zudem besteht die Gefahr, dass Sie so viele Spezialeffekte in Ihren Vortrag eingebaut haben, dass die Zuhörer kaum noch wissen, worum es eigentlich geht.

Die richtige Balance

Ob und wie ein Elternabend mit digitaler Präsentation gehalten werden soll, muss stets im Voraus gut durchdacht werden. Mit den bereits erläuterten Stärken und Schwächen ist der Vortragende umso mehr gefordert, seine Präsentation zu durchdenken und das geeignete Mittel auszuwählen.

Sofern sich eine digitale Präsentation anbietet, ist es ratsam, anhand einer Checkliste formalen und inhaltlichen Fehlern weitestgehend vorzubeugen. Somit unterstützen Sie im Idealfall Ihre authentische und einzigartige Vortragsweise, ohne sich im langweiligen und monotonen Folienlaufband zu verlieren. Eine entsprechende Vorlage finden Sie im Anhang.

Quellen

Bayerisches Staatsministerium fur Arbeit und Sozialordnung, Familie und Frauen (Hrsg.): Der Bayerische Bildungs- und Erziehungsplan fur Kinder in Tageseinrichtungen bis zur Einschulung. Berlin: Cornelsen Verlag, 2016

Bernitzke, F. und Schlegel, P.: Das Handbuch der Elternarbeit. Troisdorf: Bildungsverlag EINS, 2004

Betz, T.; Bischoff, S.; Eunicke, N.; Kayser, L. und Zink, K.: Partner auf Augenhöhe? Forschungsbefunde zur Zusammenarbeit von Familien, Kindertageseinrichtungen und Schulen mit Blick auf Bildungschancen. Gütersloh: Verlag Bertelsmann Stiftung, 2017

Bundeszentrale für gesundheitliche Aufklärung: „Für Fachkräfte", in: Internetseite Kinder-gesundheit Info, o. J., URL: www.kindergesundheit-info.de, Abruf am 22.11.2018

Gambaro , L.; Neidhöfer, G.; Spieß, C. K.; Kita-Besuch von Kindern aus nach Deutschland geflüchteten Familien verbessert Integration ihrer Mutter, in: DIW Wochenbericht 44/2019, URL: https://www.diw.de/documents/publikationen/73/diw_01.c.694632.de/19-44-1.pdf, Abruf am 30.10.2019

Hofmann, J. und **Kügler**, C.: Zwergenwerkstatt Kreativheft: Bastelanleitungen, Experimente & Farbenrezepte für Kinder, Leipzig: familia Verlag, 2017

Ministerium für Familie, Kinder, Jugend, Kultur und Sport des Landes Nordrhein-Westfalen/Ministerium für Schule und Weiterbildung des Landes Nordrhein-Westfalen (Hrsg.): Bildungsgrundsätze für Kinder Kinder von 0 bis 10 Jahren in Kindertagesbetreuung und Schulen im Primarbereich in Nordrhein-Westfalen. Freiburg im Breisgau: Verlag Herder, 2016

Redemund, M.: Vor- und Nachteile der Powerpoint-Präsentation, in: Internetseite Experto, o. J., URL: https://www.experto.de/businesstipps/vor-und-nachteile-der-powerpoint-praesentation.html, zuletzt abgerufen am 1. Juli 2019

Shah, H.; Flüchtlingskinder und jugendliche Flüchtlinge in der Schule – Eine Handreichung, 2. Auflage, 2015, URL: https://km-bw.de/site/pbs-bw-new/get/documents/KULTUS.Dachmandant/KULTUS/kultusportal-bw/Publikationen%20ab%202015/2015-10-21-Fluechtlingskinder-Screen.pdf, Abruf am 30.10.2019

Team Thesius: Die vier Lerntypen, in: Internetseite Thesius, o. J., URL: https://www.thesius.de, zuletzt abgerufen am 1. Juli 2019

Textor, M.: Elternabende im Kindergarten, in Das Kita-Handbuch, 2006, online unter: https://kindergartenpaedagogik.de/fachartikel/elternarbeit/formen-der-elternarbeit/1417, zuletzt abgerufen am 16. August 2019

Textor, M.: Vom Elternabend zum Gesprächskreis, in: Das Kita-Handbuch, 2001, online unter: https://kindergartenpaedagogik.de/fachartikel/elternarbeit/formen-der-elternarbeit/459, zuletzt abgerufen am 1. Juli 2019

Weidemann, B.: Handbuch Active Training: Die besten Methoden für lebendige Seminare. 3. Auflage. Weinheim: Beltz, 2015.

Checklisten

Die auf den folgenden Seiten veröffentlichten Checklisten können Sie jederzeit unter www.claus-verlag.de/checklisten herunterladen. Bitte geben Sie dazu nach Aufforderung den Code EA2019 ein!

Checkliste für die Buchung eines externen Referenten

Referent:		**Datum:**	
Kontaktdaten:		**erstellt von:**	
		Thema des Elternabendes:	
Termin/Uhrzeit:			

Vorbereitung

Nr.	Aufgabe	verantwortlich im Team	erledigt	Notizen
1	Wurde der Honorarvertrag erstellt und verschickt?			
2	Gibt es eine verbindliche Absprache zu Thema, Datum, Uhrzeit, Dauer und Art der Werbung?			
3	Wieviel Zeit ist für die Vorbereitung vor Ort erforderlich?			
4	Gibt es eine verbindliche Absprache zu Material und Technik?			
5	Wie viele Teilnehmer werden erwartet?			
6	Gibt es am Veranstaltungsort Besonderheiten (Parkplatz, Zugang)?			
7	Ist anschließend ein Gruppenelternabend notwendig (ja/nein)?			
8	Wurde der Referent über besondere inhaltliche Erwartungen des Teams informiert?			

Checkliste für die Vorbereitung eines Elternabends

Gruppe:		**Datum:**	
Veranstaltungstag:		**erstellt von:**	
Uhrzeit:		**TeilnehmerInnen (intern):**	
Ort/Raum:			

Nr.	Aufgabe	verantwortlich im Team	erledigt	Notizen
1	Wer ist im Team für den Elternabend verantwortlich?			
2	Welches Ziel verfolgt der Elternabend?			
3	Unter welchem Titel soll der Elternabend wann und wo stattfinden?			
4	Wird für die Durchführung des Elternabends ein externer Referent benötigt?			
5	Wurde die Einladung mit Termin, Thema und Uhrzeit verschickt?			
6	Wie sollen Raum und Sitzordnung gestaltet werden?			
7	Stehen Getränke (Wasser) für die Gäste/den Referenten bereit?			
8	Wer erstellt das Protokoll oder die Zusammenfassung der Veranstaltung?			
9	Gibt es eine Teilnehmer- und Adressliste?			

Vorbereitung				
Nr.	**Aufgabe**	**verantwortlich im Team**	**erledigt**	**Notizen**
10	Wurde die Technik mit dem Referenten abgesprochen?			
11	Soll die Feedbackmethode für Rückmeldungen eingesetzt werden?			
12	Gibt es zum Thema Informationsmaterial und Übungen?			
13	Müssen Informationen aus der Schulkonferenz/Elternrat o.ä. weitergegeben werden?			
14	Erhält der Referent ein Präsent? Wenn ja: Wer kauft was?			

Checkliste für die Durchführung eines Elternabends

Gruppe:		**Datum:**	
Veranstaltungstag:		**erstellt von:**	
Uhrzeit:		**TeilnehmerInnen (intern):**	
Ort/Raum:			

Nr.	Aufgabe	verantwortlich im Team	erledigt	Notizen
1	Begrüßung von Gästen und Referent			
2	Hinweis auf Teilnehmer- und Adressliste			
3	Benennung des Ziels/der Agenda der Veranstaltung			
4	Rückblick/Protokollkontrolle der vorangegangenen Veranstaltung			
5	Weitergabe von aktuellen Informationen aus Elternrat/Schulkonferenz o.ä.			
6	Zusammenfassung der Ergebnisse des Abends			
7	Vorstellung der Feedbackmethoden und Moderation der Feedbackrunde			
8	Dank an Referenten, Ausblick auf nächste Veranstaltung, Verabschiedung der Gäste			

Checkliste für die Nachbereitung eines Elternabends

Gruppe:		**Datum:**	
Veranstaltungstag:		**erstellt von:**	
Uhrzeit:		**TeilnehmerInnen (intern):**	
Ort/Raum:			

Nr.	Aufgabe	Ihre Notizen
1	Welches Feedback gab es zur Veranstaltung?	
2	Wurde das Ziel der Veranstaltung erreicht?	
3	Welche Konsequenzen ergeben sich aus 1 und 2?	
4	Wurde das Protokoll/die Zusammenfassung der Veranstaltung veröffentlicht?	
5	Haben sich während der Veranstaltung weitere Themen ergeben?	
6	Müssen an Gäste/Referent noch Informationen nachgeliefert werden?	

Checkliste für das Erstellen einer PowerPoint-Präsentation

Gruppe:		**Datum:**	
Veranstaltungstag:		**erstellt von:**	
Uhrzeit:		**TeilnehmerInnen (intern):**	
Ort/Raum:			

formal-technische Aspekte

Nr.	Art	Hinweis	erfüllt	Notizen
1	Schrift-größe	Verwenden Sie mindestens Schriftgröße 16. Hierarchisierung nach Inhalt (große Schriften für Überschriften, danach Abstufung usw.).		
2	Schriftart	Setzen Sie schlichte Schriftarten (z. B. Arial, Calibri) ein und mischen Sie die Schriftarten nicht.		
3	Hervor-hebungen	Gehen Sie sparsam mit **fett,** *kursiv* und VERSALIEN um.		
4	Folien-design	Das Design ist schlank und schlicht zu halten. Der Hintergrund des Textes ist nicht mit Schnörkeln oder nichtssagenden Mustern zu überladen.		
5	Farbe	Setzen Sie farblich nicht zu viele Kontraste. Wenn Farbwechsel vorhanden sind, haben diese eine inhaltliche Bedeutung.		
6	Satzform	Die Sätze auf den Folien sind kurz, prägnant und auf Stichworte beschränkt. Auf lange Zitate oder Auszüge ist zu verzichten.		
7	Inhalt	Die Folien sind nicht mit Text überladen. Es gilt: Weniger ist mehr.		
8	Quellen	Wenn externe Inhalte wiedergegeben werden (z. B. Texte, Bilder, Videos), sind die Quellen angegeben.		

Nr.	Aufgabe	verantwortlich im Team	erledigt	Notizen
9	Länge	Die Präsentation ist in ihrer Länge so gehalten, dass sie die Zeitvorgabe nicht über- oder unterschreitet.		
10	Folien-anzahl	Nach der Daumenregel sind für etwa 30 Minuten Vortrag nicht mehr als 10 Folien erforderlich.		
11	Links und Videos	Die eingepflegten Links oder Videos sind korrekt und fehlerfrei. Zur Präsentation besteht vor Ort eine ausreichende Internetverbindung.		
12	Über-prüfung	Die Medien wurden im Vorhinein auf Vollständigkeit und Funktion (Beamer, Laptop, USB-Stick, Presenter usw.) geprüft.		
13	Probe	Der Vortrag wurde geübt und der Ablauf geprobt (auch in Kombination mit der Vorführung der Präsentation).		
14				
15				

inhaltliche Aspekte

Nr.	Art	Hinweis	erfüllt	Notizen
1	Grund-satz	Wesentliche Aspekte des Themas wurden herausgearbeitet und gut strukturiert.		
2	Titelfolie	Die Titelfolie enthält: Titel und Datum des Vortrags, den Namen des Vortragenden und den Anlass/Rahmen der Veranstaltung.		
3	Gliede-rung	Ich habe meine Präsentation übersichtlich in Kernpunkte gegliedert (1.,2.,3.,I.,II.,III., usw.). Alle Folien sind mit einer fortlaufenden Nummer versehen.		
4	Zusam-menfas-sung	Meine Präsentation schließt mit einem Fazit und/oder offenen Fragen/Punkten ab.		

Kopiervorlagen

Die auf den folgenden Seiten veröffentlichten Kopiervorlagen können Sie jederzeit unter www.claus-verlag.de/checklisten herunterladen. Bitte geben Sie dazu nach Aufforderung den Code EA2019 ein!

Feedback

Datum: **Thema:**

Ihre Meinung zu dieser Elternveranstaltung ist uns wichtig!

Wir sind stetig bemüht, die Qualität unserer Elternveranstaltungen zu verbessern. Dazu möchten wir der Dozentin/dem Dozenten gern eine Rückmeldung geben. Wir bitten Sie, die folgenden Fragen zu beantworten. Bitte kreuzen Sie in jeder Spalte an, wie Sie die jeweilige Aussage bewerten:

++ stimme voll und ganz zu
+ stimme zu
0 stimme teilweise zu
- stimme nicht zu
-- stimme überhaupt nicht zu

Vielen Dank!

Allgemeine Fragen

Kriterium	++	+	0	-	--
Meine Erwartungen an die Elternveranstaltung wurden erfüllt.					
Meine Fragen wurden fachgerecht und verständlich beantwortet.					
Die Inhalte der Elternveranstaltung wurden anhand von Beispielen veranschaulicht.					
Ich wurde als Teilnehmer der Elternveranstaltung einbezogen.					
Es wurde zum Mitdenken angeregt.					
Die Zusammenarbeit der einzelnen Eltern wurde gefördert.					
Der Kursraum war von der Ausstattung und von den Gegebenheiten voll und ganz zufriedenstellend.					

Der Dozent / Die Dozentin ...

Kriterium	++	+	0	-	--
... wirkte sehr gut vorbereitet.					
... griff inhaltlich Fragen und Anmerkungen der Eltern auf.					
... stellte einen guten Bezug zur Praxis her.					
... regte zur kritischen Auseinandersetzung mit dem Thema an.					
... konnte selbst schwierige Inhalte gut erklären.					
...beantwortete Fragen außerhalb der Elternveranstaltung.					

Hier haben Sie die Möglichkeit, uns ausführlicher Feedback zu geben:

Was hat Ihnen besonders gut gefallen?

Was könnte aus Ihrer Sicht noch verbessert werden (z.B. Inhalte, Methoden, Ablauf)?

Was möchten Sie uns sonst noch mitteilen?

Und noch eine Frage zum Schluss:

Würden Sie wieder an einer Elternveranstaltung bei uns teilnehmen?

ja ☐ nein ☐

Bewertungsbogen	
Ort:	
Datum:	
Uhrzeit:	

Kopiervorlage Regelbeispiele

Diese Regeln dienen der Anregung zur Diskussion, welche Regeln sinnvoll und welche nicht sinnvoll sind.

„Vor dem Essen Hände waschen“	„Nach dem Sandmann ins Bett“
„Erst das eine Spielzeug wegräumen, bevor das andere aus dem Schrank geholt wird“	„Nur am Wochenende darf für eine Stunde Computer gespielt werden“
„Wir bleiben sitzen, bis alle aufgegessen haben.“	„Am Samstag ein gemeinsames Frühstück im Bett“
„Nach dem Zähneputzen keine Süßigkeiten mehr“	„Nur eine Gute-Nacht-Geschichte am Abend“
„Die Schuhe werden ausgezogen, wenn man von draußen rein kommt“	„ ... aber teile es dir mit den anderen Kindern“
„Abends keine Schokolade aufs Brot “	„Wir bekommen keine Wut“
„Wir sprechen freundlich miteinander“	„Vor dem Schlafen zehn Minuten Kuschelzeit“

Diese Fragekärtchen eignen sich als Kennlernspiel oder zur Auflockerung im Elternabend:

Was ist Deine Lieblingsblume?	**Wie kann man Dich glücklich machen?**	**Was würdest Du mit auf eine einsame Insel nehmen?**
Wann hast Du das letzte Mal gelacht?	**Wenn Du ein Buch schreiben könntest, was wäre es für eines?**	**Wobei entspannst Du?**
Was würdest Du tun, wenn Du 1 Million Euro im Lotto gewinnen würdest?	**Was ist Dein Lieblingstier? Warum?**	**Welche Süßigkeit magst Du am liebsten?**
Mit wem würdest Du gern einmal im Fahrstuhl stecken bleiben?	**Wie sieht ein entspannter Sonntag für Dich aus?**	**Wie sieht dein perfekter Start in den Morgen aus?**

Über welches Talent zum Beispiel Singen, Zeichnen, möchtest Du verfügen?	Was kannst Du besonders gut?	Welches Spielzeug mag Dein Kind besonders?
Hast Du einen Lieblingssong oder Ohrwurm?	Welche berühmte Persönlichkeit würdest Du gern mal kennenlernen?	Wenn Du einen Wunsch frei hättest, welcher wäre das?
Dich spricht jemand im Bus an, was tust Du?	Mit welchen drei Worten würdest Du Dich beschreiben?	Welche Rolle würdest Du gern in einem Film spielen?
Wenn Dich jeder auf der Straße erkennen würde, würde es Dir schmeicheln?	Welchen Beruf wolltest Du als Kind gerne erlernen?	Wie sieht der perfekte Tag für Dich aus?

Elternbrief „Umgang mit Aggressionen“
Mama, Papa, ich möchte es selbst tun!

In den ersten Lebensjahren machen Kinder gewaltige Fortschritte in der Entwicklung. Das Selbstvertrauen und Selbstbewusstsein wachsen, was unter anderem dazu führt, dass die Kinder unabhängiger von den Eltern werden. Es entwickelt sich eine eigene Persönlichkeit und das Kind löst sich aus der mit den Eltern gebildeten Einheit.
Zweijährige sind besonders lernbegierig, ahmen Erwachsene nach, sind neugierig und aktiv. Sie trauen sich viel zu und kennen dabei keine Gefahren und können sich leicht verletzen. In dieser Phase ist es wichtig, das Kind in seiner Entwicklung optimal zu unterstützen.

Was können Sie als Eltern tun?

- Grundlage: Pflegen Sie ein herzliches und vertrauensvolles Verhältnis zu Ihrem Kind!
- Unterstützen Sie das eigene, natürliche Lernbedürfnis Ihres Kindes!
- Schalten Sie mögliche Gefahrenquellen aus, indem Sie mit Worten darauf hinweisen!
- Bedenken Sie auch immer: Kinder kennen nicht den Unterschied zwischen Gut und Böse!
- Manchmal gibt es Situationen, in denen Sie wütend werden und durchgreifen müssen: Erklären Sie dann aber immer, warum Sie so gehandelt haben (zum Beispiel die Steine weggenommen haben, weil Ihr Kind ein anderes Kind damit beworfen hat)! Vermutlich wird Ihr Kind Ihre Worte nicht ganz verstehen – die Erklärung ist aber der Grundstein dafür, dass es den Sinn Ihrer Handlungen verstehen wird und lernt, zwischen gutem und schlechtem Verhalten zu unterscheiden.

Das Trotzalter

Der deutlichste Ausdruck der Ich-Entwicklung sind Trotzreaktionen. Für Eltern ist es wichtig zu wissen, dass diese Reaktionen nichts mit ihnen zu tun haben. Die Aufgabe dieser Reaktion ist es, das „Ich“ des Kindes vom „Ich“ der Eltern zu lösen. Die typische Trotzphase tritt am Ende des zweiten Lebensjahres ein. Dem Kind wird klar, dass es eine eigene Person ist und einen eigenen Willen hat.

Das Kind kann schlecht abschätzen, was gut und was schlecht für es selbst ist und wird so von seinen Gefühlen übermannt – es kommt zu einem Trotzanfall. Für Eltern bedeutet diese Phase eine große Herausforderung, da sie es schwer fassen können, dass ihre lieben Sprösslinge plötzlich zu kleinen „Monstern“ werden.

Der Schwerpunkt der Trotzphase liegt zwischen dem zweiten und vierten Lebensjahr. Kinder wollen die Welt erobern, Neues entdecken und ihre eigenen Wege gehen. Doch die Eltern funktionieren manchmal nicht so, wie sich die Kinder das wünschen.

Der Willen des Kindes stimmt nicht mehr mit dem der Eltern überein und das Kind stößt so an seine Grenzen. Aus Panik reagiert es folglich bespielsweise mit Wutausbrüchen oder auch mit stummem Trotz.

Solche Anfälle lassen sich nicht vermeiden und das Kind braucht in dieser Zeit viel Verständnis, Aufmerksamkeit und Zuwendung.

Welche Hilfestellungen gibt es im Alltag?

- Prüfen Sie die Verbotsliste: Je mehr Verbote, desto mehr Auflehnung ist zu erwarten!
- Lassen Sie Verbote und Gebote mitwachsen!
- Sagen Sie klar, was Sie erwarten! Vermeiden Sie endlose Erklärungen!
- Unterstützen Sie Ihr Kind beim Streben nach Selbstständigkeit!
- Planen Sie Zeit für gemeinsame Unternehmungen ein, bei denen das Kind das Tempo bestimmt!
- Provozieren Sie keine Wutanfälle, beispielsweise durch das Wegzerren von Beschäftigungen!
- Kündigen Sie Ihre Erwartungen rechtzeitig an, so dass sich Ihr Kind darauf vorbereiten kann.
- Zeigen Sie Ihre Gefühle! So lernt das Kind, Gefühle zu erkennen und damit umzugehen.
- Bewahren Sie Ruhe, falls es doch zu einem Wutanfall kommt!
- Geben Sie Ihrem Kind stets Zeit, um sich nach einem Wutanfall zu beruhigen!
- Seien Sie konsequent gegenüber Ihrem Kind („nein" heißt auch nein)!

Grenzen setzen

Für Kinder ist es wichtig, soziales Verhalten zu erlernen und Gefahren rechtzeitig zu erkennen. Mit dem Wort „Nein" haben Eltern die Möglichkeit, dies zu erreichen. Dabei sollte darauf geachtet werden, dass das „Nein" klar und sicher und ohne weiteres Nörgeln oder Ärger angewendet wird. Kinder sind neugierig und wollen entdecken – seien Sie deshalb sparsam mit dem Wörtchen „Nein"! Zu viele Einschränkungen und Verbote können das Kind frustrieren.

Kinder im zweiten Lebensjahr können den Zusammenhang zwischen ihrem Verhalten und einer Bestrafung nicht erkennen. Deshalb wird es auch Dinge tun, für die Sie im Vorfeld eine Strafe angedroht haben.

Unterschätzen Sie nicht die Macht der Worte! Geben Sie Ihrem Kind immer das Gefühl es zu lieben. Erklären Sie Ihrem Kind, warum Sie „Nein" sagen. Bleiben Sie konsequent und verlässlich in Ihrem Verhalten! Die Vermittlung von Grenzen sollte dabei früh beginnen.

Eltern fällt es nicht leicht, Grenzen zu setzen und Ruhe zu bewahren. Dies gelingt nicht in allen Situationen. Setzen Sie sich nicht unter Druck! Tauschen Sie sich mit anderen Eltern aus und geben Sie Fehler offen vor Ihren Kindern zu! Auch Eltern können sich entschuldigen, wenn sie falsch gehandelt haben.

Weitere Informationen und Hilfestellungen finden Sie unter:

Dipl. Soz.-Päd. Jacqueline Hofmann
Elternarbeit und Gewaltprävention Sachsen
Limbacher Straße 24
09113 Chemnitz
Telefon: +49 (0) 371 - 90 91 942
Telefax: +49 (0) 371 - 90 91 943
Email: info@elternarbeit-sachsen.de
Web: http://www.elternarbeit-sachsen.de

Einladung zum Elternnachmittag mit dem Thema

„Ich spiele doch nur“

Die Bedeutung des Spiels für die Entwicklung von Kindern

Liebe Eltern,

wir möchten Sie zu einem ganz besonderen Elternnachmittag einladen.

Die Bildungsprozesse unserer Kinder zu begleiten, sind wichtige Aufgaben im Alltag. Eine zentrale Rolle spielen dabei die Erfahrungsmöglichkeiten im Spiel. Kinder lernen vor allem in diesen Spielsituationen wichtige Bildungserfahrungen. Wenn Kinder spielen, beziehen sie ihre ganze Umgebung mit ein. Doch welche Spielerfahrungen braucht mein Kind und wie kann ich es im Alltag optimal fördern? In dieser Veranstaltung stehen der gemeinsame Erfahrungsaustausch sowie praktische Tipps im Vordergrund.

Wir laden alle interessierten Eltern zu unserem Elternnachmittag für den 10.09.2020 um 16.30 Uhr ein.

Die Veranstaltung wird Jacqueline Hofmann von Elternarbeit und Gewaltprävention Sachsen durchführen. Sie ist diplomierte Sozialpädagogin und ausgebildete Begabungspädagogin IFLW. Jacqueline Hofmann bietet regelmäßig Beratungen und Schulungen für Eltern und Pädagogen an und hat das Zwergen-Box-Konzept für Eltern entwickelt. Nähere Informationen gibt es unter www.zwergen-box.de. Sie wird diesen Elternabend praxisnah und aufgelockert gestalten und hat viel Informationsmaterial im Gepäck.

Mit herzlichen Grüßen

Ihr Einrichtungsteam

Teilnahmeabschnitt bitte ausgefüllt bis 04.09.2020 abgeben.

- -

Wir die ____________________ (Name der Familie) möchte mit ________ (Anzahl der Personen) am Elternabend teilnehmen.

_________________ Datum, Ort

___________________ Unterschrift

Thementextbausteine für weitere Themenelternabende:

Selbstvertrauen und Selbstbewusstsein – Wie wir unsere Kinder fördern können

Liebe Eltern,

wir möchten Sie zu einer ganz besonderen Elternveranstaltung einladen.

Jedes Kind macht im Laufe seiner Entwicklung positive aber auch negative Erfahrungen. Eine gute Resilienz, also die Fähigkeit gut mit Belastungen umzugehen, ist wichtig. Um schwierigen Situationen begegnen zu können und auch im späteren Leben eine aktive Rolle für sich selbst zu übernehmen, ist es wichtig, dass Kinder in den ersten Jahren gefördert werden und ein starkes Selbstvertrauen wächst. Mut und Selbstvertrauen sind eine wichtige Grundlage für eine gute Entwicklung unserer Kinder. In dieser Veranstaltung stehen der gemeinsame Erfahrungsaustausch sowie praktische Tipps im Vordergrund.

Mama, Papa ich will das nicht! – Ich-Entwicklung, Entdeckerzeit und Grenzen

Aggressionen von Kindern stellen Eltern häufig vor eine neue Herausforderung. Ihr Kind entwickelt nun seine eigene Persönlichkeit. In dieser Phase werden Gefühle wie etwa Freude, Trauer, Ärger und Wut intensiv erlebt. Kinder brauchen in dieser Zeit Orientierung und Halt. In dieser Veranstaltung stehen der gemeinsame Erfahrungsaustausch sowie praktische Tipps zum Umgang Regeln, Grenzen und Aggressionen im Vordergrund.

Ausprobieren, Spielen und Entdecken – Wie Kinder lernen und die Welt erforschen

Spiel, Leistungsdruck und Erwartungen in der heutigen Zeit

Liebe Eltern,

wir möchten Sie zu einem ganz besonderen Elternabend einladen.

Die Bildungsprozesse unserer Kinder zu begleiten, ist eine wichtige Aufgabe im Alltag. Durch die täglichen Anforderungen sind Kinder heute einem hohen Leistungsdruck ausgesetzt. In unserem Elternabend soll es darum gehen aufzuzeigen, wie Kinder lernen und welche Bildungserfahrungen wir Ihnen ermöglichen sollten.

Einladung zum Elternabend mit Elternratswahl

Mittwoch, 12.02.2020,
18.00 Uhr in der Aula

Liebe Eltern,

wir möchten Sie zu unserem diesjährigen Elternabend einladen. Neben aktuellen Informationen für das aktuelle Schuljahr wird auch der Elternrat gewählt. Wahlvorschläge können Sie jederzeit persönlich an uns richten oder in die Elternbox im Eingangsbereich einwerfen.

Als Elternrat gestalten Sie aktiv die pädagogische Arbeit mit und fungieren als Vermittler zwischen Eltern, Team und Träger. Wenn Sie Fragen zu Umfang, Inhalt und Gestaltungsformen dieser Aufgabe haben, so sprechen Sie uns gern an!

Inhalte des Abends

- Organisatorische Informationen
- Terminübersicht für das aktuelle Schuljahr
- Bericht des aktuellen Elternrates
- Elternratswahl
- Zeit für Ihre Fragen

Ihr Einrichtungsteam

Teilnahmeabschnitt bitte ausgefüllt bis 08.02.2020 abgeben.

- -

Wir die ____________________ (Name der Familie) möchte mit ________ (Anzahl der Personen) am Elternabend teilnehmen.

Für die Wahl zum Elternrat schlage ich ____________________________ vor.

_________________ Datum, Ort

____________________ Unterschrift

Jacqueline
HOFMANN
Elternarbeit und Gewaltprävention

Elternarbeit und Gewaltprävention Sachsen
Limbacher Straße 24
09113 Chemnitz
Telefon: 0371/90 91 942
E-Mail: info@elternarbeit-sachsen.de
Web: http://www.elternarbeit-sachsen.de

Elternabend
„Umgang mit Aggressionen bei Kindern"

Was:

Kennen Sie nicht auch Situationen, in denen Sie Ihr Kind nicht wieder erkennen? Im familiären Zusammenleben kommt es hin und wieder zu Konflikten und Streit. Aber was sollen Sie tun, wenn Ihr Kind in solchen Situationen aggressiv reagiert? Wie gehen Sie mit Leistungsdruck um? In dieser Veranstaltung stehen der gemeinsame Erfahrungsaustausch sowie praktische Tipps zum Umgang mit Trotz und Aggressionen im Vordergrund.

Wann:

Donnerstag, 15. Oktober 2020
17.00 – 18.30 Uhr

Wo:

Elternarbeit und Gewaltprävention Sachsen
Jacqueline Hofmann
Limbacher Straße 24
09113 Chemnitz

kostenfrei

Um Anmeldung wird gebeten!

Tel: 0371 90 91 942
E-Mail: info@elternarbeit-sachsen.de

Notizen während der Veranstaltung	
Thema	**Ihre Notizen**
Haben sich während der Veranstaltung Themen ergeben, die in Einzelgesprächen bzw. weiterführenden Themenelternabenden zu klären sind?	
Müssen Informationen nachgeliefert werden?	
Wurde die Feedbackmethode angenommen? Falls nicht: Welche Konsequenzen ergeben sich daraus?	
Gab es Hinweise, dass an Raum, der Zeit o.ä. in Zukunft etwas geändert werden muss?	
Sonstiges	

Teilnehmerliste

Veranstaltung:		Datum:	

Nr.	Name	Vorname	E-Mail-Adresse	Speicherung Mailadresse ja/nein	Unterschrift
1					
2					
3					
4					
5					
6					
7					
8					
9					
10					
11					
12					
13					
14					
15					
16					
17					
18					
19					

Über die Autorin

Seit 2007 ist Jacqueline Hofmann kompetente Ansprechpartnerin, wenn es um das Thema Erziehung und Bildung von Kindern und Jugendlichen geht. Sie ist diplomierte Sozialpädagogin (FH), ausgebildete Begabungspädagogin IFLW, und als solche erfahrene Fachkraft in der Kinder- und Jugendhilfe und Genussbotschafterin. Jacqueline Hofmann und ihr Team bieten regelmäßig Beratungsgespräche, Weiterbildungen, Teamfort- bildungen, Themenelternabende und Fachtage für Eltern und pädagogisches Personal an.

Das inhaltliche Spektrum ist vielseitig: Angebote gibt es unter anderem zu den Themen „Elternabende, die Spaß machen", „Elterngespräche erfolgreich führen", „Gewaltprävention", „Umgang mit Aggression und Hochbegabung", „Zeit- und Stressmanagement" sowie „Mediennutzung bei Kindern".

Bei allen Angeboten legt Jacqueline Hofmann, die selbst Mutter ist, großen Wert auf einen aktiven Erfahrungsaustausch mit den TeilnehmerInnen.

Neben dem umfangreichen Weiterbildungsportfolio am Standort Chemnitz/Sachsen können Einrichtungen Inhouse-Schulungen und Elternveranstaltungen deutschlandweit buchen. Weitere Informationen erhalten Sie unter www.elternarbeit-sachsen.de.

Tipp

Im Jahr 2017 gründete die Autorin das Unternehmen Zwergen-Box. Im Online-Shop finden Sie Themen- und Geschenkboxen für Eltern und pädagogische Fachkräfte. Besonders für pädagogische Fachkräfte bieten die thematisch ausgerichteten Zwergen-Boxen Unterstützung im Berufsalltag. Mehr Informationen erhalten Sie unter www.zwergen-box.de.